Wie zerstörerisch der normative Druck unserer Leistungsgesellschaft, die keine Schwächen akzeptiert, sein kann, hat Philippe Pozzo di Borgo, jahrelanger Geschäftsführer des französisches Champagnerhauses Pommery erfahren müssen, als er bei einem Gleitschirmflug schwer verunglückte. Fortan vom Hals abwärts gelähmt und damit aus seinem alten Leben gerissen, musste der erfolgreiche Unternehmer sich komplett neu orientieren. Er erkannte, wie wenig aufnahmebereit er früher anderen Menschen gegenüber gewesen ist, verschlossen für dessen Sichtweise und Wesensart. Doch nur wer offen für das Nicht-Perfekte ist, kann die eigenen Schwäche und die eigene Menschlichkeit zulassen – und nur so kann Gesellschaft gelingen.

»Dieser Appell trifft die Welt zum richtigen Zeitpunkt.« *Kurier*

Philippe Pozzo di Borgo, Jahrgang 1951, war jahrelang Geschäftsführer der Firma Champagnes Pommery. Seit 1993 ist er infolge eines schweren Gleitschirmunfalls querschnittsgelähmt. Seine Autobiographie ›Ziemlich beste Freunde‹ wurde 2011 verfilmt und zu einem internationalen Erfolg. Philippe Pozzo di Borgo lebt mit seiner zweiten Frau und zwei Töchtern in Marokko.

Weitere Informationen finden Sie auf www.fischerverlage.de

Philippe Pozzo di Borgo

ICH UND DU

Mein Traum von Gemeinschaft jenseits des Egoismus

Aus dem Französischen
von Bettina Bach

FISCHER Taschenbuch

MIX
Papier aus verantwortungsvollen Quellen
FSC® C083411
www.fsc.org

Erschienen bei FISCHER Taschenbuch
Frankfurt am Main, November 2017

Lizenzausgabe mit freundlicher Genehmigung
von Hanser Berlin im Carl Hanser Verlag
Die Originalausgabe erschien unter dem Titel
›Toi et moi, j'y crois‹ bei Bayard Éditions, Paris

Druck und Bindung: CPI books GmbH, Leck
Printed in Germany
ISBN 978-3-596-29792-4

Für meine Kinder, auf dass es weitergehe

INHALT

DANK

Mein großer Dank geht an Christophe Henning, Journalist und Herausgeber der Reihe »J'y crois« (Woran ich glaube) bei den Éditions Bayard. Mein Beitrag zu dieser Reihe ist auf seine Initiative hin entstanden. Durch seine freundschaftliche Anwesenheit während meines einjährigen Krankenhausaufenthalts in Nantes konnte ich überhaupt am Ball bleiben.

Danke auch an Armel Roland, der mich im selben Jahr in Nantes bei meinem Briefwechsel und beim Schreiben unterstützt hat.

Meinem gelehrten Freund Michel Orcel und meinen Bergfreunden Yves und Chantal Ballu sowie Max und Marie-Odile Lechevalier danke ich für ihre Unterstützung und die aufmerksame Lektüre des Manuskripts.

Und schließlich danke ich Émeline Gabaut, die mir seit vielen Jahren bei all meinen Projekten, also auch diesem Buch, voll Wohlwollen und Klugheit zur Seite steht.

Essaouira, Januar 2015

EINLEITUNG

Auf dem Höhepunkt der Begeisterungswelle für den Film *Ziemlich beste Freunde** kam Christophe Henning mich in Marokko interviewen. Mit seinen persönlichen, wohlüberlegten Fragen versuchte er zu ergründen, was mir gerade widerfuhr, zu analysieren, wie sich in unserer westlichen Gesellschaft ein solcher Erfolg, ein solcher Hype um diese Geschichte, die für mich zehn Jahre lang Alltag war, erklären ließ.

Wieso hatte meine ungewöhnliche Freundschaft mit dem frisch aus dem Gefängnis entlassenen Vorstadttypen Abdel, den Omar Sy im Film so bewundernswert verkörpert, die Herzen von Millionen Zuschauern auf der ganzen Welt berührt?

Einige Zeit später traf ich Christophe in Frankreich wieder. Wir waren mittlerweile befreundet, und er schlug mir vor, einen Beitrag für seine neue Reihe »Woran ich glaube« zu schreiben. Sie beschäftigt sich mit ganz wesentlichen Fragen: Worauf soll man sein Leben gründen? Wie hält man in einer Gesellschaft im ständigen Wandel den Kopf über Wasser? Für welche Werte lohnt es, sich einzusetzen? Ich ging in mich:

* *Ziemlich beste Freunde* von Eric Tolédano und Olivier Nakache, 2011.

Hatte mich die enorme Abhängigkeit, mit der ich seit über zwanzig Jahren konfrontiert bin, etwas gelehrt, das zu einer Antwort auf diese Fragen beitragen konnte?

Ich sagte grundsätzlich zu, legte mich jedoch zeitlich nicht fest, denn meine Frau Khadija und ich waren durch all die Reisen und dauernden Anfragen furchtbar eingespannt. Es war nicht abzusehen, wann ich dazu käme, etwas zu schreiben, was »Hand und Fuß« hatte.

Ich schlug Christophe Henning vor, über die Beziehung zwischen dem Ich und dem Du zu schreiben, denn es passte sowohl zur Botschaft des Films *Ziemlich beste Freunde* als auch zum Thema der Reihe.

Zu dieser Zeit waren Khadija und ich so viel unterwegs, gaben Interviews, besuchten Empfänge und andere Events, die mit dem Film zusammenhingen, dass ich darüber meine Behinderung fast vergaß.

Die Realität sollte mich jedoch schnell wieder einholen, denn ich bekam einen schweren Dekubitus, eine Plage, die für Menschen mit Rückenmarksverletzungen dazugehört. Nur wenn wir streng darauf achten, wie wir sitzen oder liegen, und außerdem stets auf unsere Ernährung und unseren Erschöpfungszustand achtgeben, lassen sich diese Druckgeschwüre vermeiden, die sich bis aufs Knochenmark durchfressen und zu einer schwer zu behandelnden Knocheninfektion ausweiten können.

2014: Ich werde in der mir bisher unbekannten Uniklinik in Nantes aufgenommen. Sie ist mit einem Notfallzimmer ausgestattet. Ein bemerkenswertes Team unter der Leitung von Frau Professor Brigitte Perrouin-Verbe nimmt mich in Empfang. Ich werde operiert und muss fünf Monate absolut flach liegen, ohne jede Erhöhung. Während dieser langen Zeit betrachte ich die Zimmerdecke. Um das Thema der Alterität, der Beziehungen anzugehen, sind Distanz und Stille notwendig. Die bekomme ich zur Genüge, zumal ein weiterer Notfall eine zweite, schwierigere Operation erforderlich macht und mein Aufenthalt in der Klinik sich um mehrere Monate verlängert.

In diesem Jahr im Krankenhaus habe ich viele andere Patienten wie mich gesehen: verletzlich, leidend; dank der unermüdlichen, aufopferungsvollen Pflege des Teams habe ich überlebt. Nach der grauen Zeit in Nantes – grau wie die Reue – dachte ich anders über die Frage des Ich und Du, denn in der Stille hatte sich das Ich verändert.

Zu Beginn meines Krankenhausaufenthalts war Christophe Henning gekommen und hatte über drei Tage hinweg ein Interview mit mir geführt. Als ich einige Monate später seine Notizen las, merkte ich, dass sich meine Sichtweise in manchen Punkten erneut gewandelt hatte. Ich habe zwar eine lange Geschichte unterschiedlichster Beziehungen hinter mir, doch es sind die endlosen Phasen der Stille, insbesondere jene in letzter Zeit, die meine Wahrnehmung der zwischenmenschlichen Beziehungen tiefgreifend verändert haben. Bisher hatte ich nicht genügend Stille in meinem Leben zugelassen, um ihre große Bedeutung zu erkennen.

Dieses Buch siedelt sich irgendwo zwischen dem an, was im Film *Ziemlich beste Freunde* zu sehen war, das heißt, wie wertvoll die Beziehung zum anderen und ein entkrampftes Zusammenleben sind – was in unserer individualistischen Welt einer tiefen Sehnsucht zu entsprechen scheint –, und dem Reichtum, den die Stille mir geschenkt hat. Sie brachte mich dazu, diese Beziehung zum anderen, die mit der Beziehung zu sich selbst beginnt, zu überdenken. Den anderen so zu respektieren, wie er ist, das ist die Lehre von *Ziemlich beste Freunde.* Respekt für seine Mitmenschen bedeutet aber auch, sich selbst in der Stille zu wandeln, bevor man die sinnstiftende Beziehung zum anderen sucht.

Was für eine seltsame Gleichung: Ich und Du, das macht drei! Ich, Du, Wir. Und das größte Rätsel darunter bin vielleicht sogar ich selbst! Bevor man sich in den Austausch begibt, dem anderen begegnet, muss man sich selbst kennen. Dafür habe ich eine Weile gebraucht; ich war nicht immer derselbe, oder besser gesagt, ich hatte mich noch nicht entdeckt.

Doch das Nachdenken über unsere Beziehung zum anderen ist nicht Querschnittsgelähmten wie mir vorbehalten. Eine entscheidende Voraussetzung dafür ist, wie gesagt, die innere Stille, die mit einem offenen Ohr einhergeht. Ich würde Ihnen gern den Umweg über den Rollstuhl und die damit verbundenen Unannehmlichkeiten ersparen und Sie einladen, in sich zu gehen, wie ich es nach dem ganzen Trubel getan habe. Nehmen Sie sich Zeit, werden Sie innerlich still und hinterfragen Sie sich. Vielleicht erleben Sie dann auch das Gefühl, etwas Einfaches wiedergefunden zu haben, etwas, was für alle von Bedeutung ist.

Bei den Tausenden Zuschriften, die ich nach *Ziemlich beste Freunde* bekam, überwogen Schilderungen von Unbehagen und Einsamkeit, davon, wie Menschen unter Zurückweisung, mangelndem Verständnis und dem Gefühl einer großen Ungerechtigkeit leiden.

Neben Heiterkeit und Begeisterung hat der Film bei den Zuschauern Rührung und insgeheim vielleicht sogar Hoffnung hervorgerufen. Auch in den Hilferufen der vielen Menschen, die sich an mich wandten, habe ich Material für dieses Buch gefunden. Genauso wie die »Unberührbaren« im Film* bilden all diese anonymen Unberührbaren – du und ich, wir und ihr – die Basis für eine neue Form des Miteinanders.

* Der Film *Ziemlich beste Freunde* heißt im Original »Intouchables«, zu Deutsch: Die Unberührbaren.

1 WARUM DER ANDERE?

Du und Ich, diese Gleichung war mir lange fremd. Ich stellte mir die Frage nach dem anderen nicht und war nur damit beschäftigt, mein Leben zu leben. Nicht aus Überheblichkeit, sondern schlicht aus Nachlässigkeit, Sorglosigkeit, vielleicht sogar Furcht. Ich respektierte durchaus, dass es ein »Du« gab, das sich von mir unterschied, aber es stand für mich nicht an erster Stelle. Das begann sich erst während Béatrice' Krankheit zu ändern. »Der andere«, das war für mich zunächst die Leidende, dann die Abwesende. Nach ihrem Tod habe ich erkannt, was ich alles mit Béatrice hätte erleben können oder sogar sollen. Hatten nicht meine deplatzierte Zurückhaltung und mein großer Egoismus dem Glück der Gemeinschaft im Weg gestanden?

In unserer Gesellschaft herrscht das »Ich« vor. Doch der Individualismus führt in eine Sackgasse, was durch die derzeitige Krise deutlich zutage tritt, und wir sind aufgerufen, eine neue Form des Zusammenlebens zu finden. Dabei muss das »Du« in einer friedlichen und bereichernden Beziehung das »Ich« ausgleichen. Überspitzt formuliert: Gestern hieß es »Ich« gegen »Die«. Heute sollten wir in Betracht ziehen, dass aus »Denen« »Ihr« werden kann und dass »Ich und Du« schlicht und einfach »Wir« sind. Eine Revolution der sozialen Beziehungen.

Bevor dieses Gespann, die Einheit zweier Elemente, aber zustande kommen kann, ist da zunächst die Trennlinie zwischen »Dir« und »Mir«, der Augenblick der Begegnung, in dem sich entscheidet, ob eine Beziehung bzw. ein Bündnis entsteht. Ein Duft, ein Blick, ein Händedruck oder auch eine Geste können diese Grenze zwischen uns überwinden und der Gemeinsamkeit den Weg ebnen.

Ich habe eine Weile gebraucht, um zu merken, dass der andere genauso wichtig ist wie ich. Denn das Leben hat eine Weile gebraucht, um mich mit den anderen in Verbindung zu setzen. Zweiundvierzig Jahre lang war ich von Lärm und Hektik umgeben. Nach meinem Unfall und bis zu Béatrice' Tod nahm ich mich mit aller Macht zusammen, um sie, meine krebskranke Frau, nicht zu belasten. So fielen die langen Phasen der Stille für mich mit Depressionen nach ihrem Tod und meinen langen Krankenhausaufenthalten zusammen.

In einer Welt, die nicht zum Träumen neigt, wage ich, davon zu träumen, dass wir in diesem Gespann von Ich und Du die Lösung vieler Probleme unserer Gesellschaft finden. Eine solche Beziehung ist so viel lebenswerter als die leeren Versprechungen der Selbstverwirklichung, die für viele im Nichts endet.

In unserer Gesellschaft auf der Suche nach Antworten glaube ich, dass diese Gleichung einen Weg weisen könnte. Und glauben heißt hoffen, es ist geheimnisvoll, vielversprechend und stimulierend. Natürlich ist es auch ein Akt des Vertrauens, und wer Vertrauen schenkt, geht das Risiko ein, enttäuscht zu werden. Was man jedoch riskiert, wenn man nicht an diese Alchemie glaubt, wird heutzutage allzu deutlich: um sich greifende Vereinsamung, immer größer werdende Gier. Auch wenn ich das Geheimnis noch nicht begreife, mache ich nun diese Erfahrung: An den anderen zu glauben und Vertrauen zu riskieren ist aussichtsreicher als die Ideologie des Individuums, das für sich allein triumphieren will.

2 DAS ALTE ICH

In mir gab es mindestens zwei »Ichs«. Den, der ich früher war, und den, der ich jetzt bin. Vielleicht gab es sogar noch mehr, die nach und nach zutage traten.

Die Zeit unterteilt sich in die vor meinem Unfall und dem Tod meiner ersten Frau Béatrice und die danach, bis heute. Vermutlich war der, der ich jetzt bin, schon in meinem alten Ich enthalten. Doch früher erfüllte der, der ich war, die an ihn gestellten Erwartungen. Heute hingegen bin ich frei von gesellschaftlichen Zwängen und muss nicht mehr nach irgendwelchen Vorbildern suchen.

Ich kann nicht von heute sprechen, ohne an den zu erinnern, der ich zweiundvierzig Jahre lang war. Ich war »ganz okay«, in die Gesellschaft integriert, glücklich, jemand, der sich ein paar Fragen stellte und anderen Fragen aus dem Weg ging. Zwar suchte ich – zum großen Leidwesen meiner Frau Béatrice, die diesen im Lauf der Geschichte schon zu oft erprobten Gesellschaftsmodellen misstraute – nach politischen Lösungen für die Übel unserer Zeit, aber alles in allem blieb ich unbeteiligt, wenig engagiert und war eigentlich nicht betroffen. Die Fragen, die mich beschäftigten, waren ziemlich theoretischer Natur. Sie mochten etwas über meine soziale Identität aussagen, gaben aber gewiss nichts von mir preis. Meine

Geschichte habe ich schon in einem früheren Buch* erzählt, in der Vorlage zu dem Film *Ziemlich beste Freunde*. Trotzdem frage ich mich immer noch, was ich eigentlich für ein Mensch war: Ich habe mich damals zwar durchaus für andere interessiert, aber im Grunde hörte ich einfach nicht zu, ich war zu gehetzt, nahm nichts wahr. Ich hatte das ganze Leben vor mir und nie Zeit.

Ich war vom anderen abgeschnitten, zu sehr mit mir selbst beschäftigt, mit meinem Erfolg, mit Macht, mit Eroberungen, dem Eindruck, den ich schinden konnte. Ich war mir selbst im Weg, nie zufrieden, immer getrieben und aktiv. Natürlich ist der Ehrgeiz, Großes zu erreichen, wichtig, doch wir sollten uns vor Maßlosigkeit hüten: Sie nährt in uns ein Gefühl der Allmacht, der Beständigkeit, ja der Unsterblichkeit. Dabei sind wir verletzlich, wie ich eines Tages im Juni 1993 erfahren sollte …

An mir war damals nichts, das anormal oder gar abstoßend gewesen wäre. Ich hatte ein gutes Händchen für Geschäfte und war überhaupt gut in Form: Sehr sportlich für mein Alter, lief ich regelmäßig Marathons und war ein begeisterter Gleitschirmflieger. Heute weiß ich, dass ein solches Tempo eine Illusion ist, eine Flucht. Ständig überwand ich neue Grenzen, während meine Frau im Sterben lag. Béatrice setzte sich damals mit ihrem Ende auseinander. Ich war dazu nicht in der Lage. Der Krebs schwächte sie immer mehr, das sah ich wohl, auch, dass etwas zu Ende gehen würde, aber ich ließ den Gedanken nicht wirklich an mich heran. Ich fühlte mich

* *Ziemlich beste Freunde*, Berlin 2012.

unbesiegbar und weigerte mich anzuerkennen, dass die Zeit sich nicht aufhalten lässt. Nein, ich war nicht dumm, aber weit davon entfernt, jene Lebensklugheit zu besitzen, die unserem Dasein einen Sinn verleiht.

Kurz, ich unterschied mich kaum von vielen meiner Zeitgenossen!

In meiner Familie nannte man mich »Philippe auch!«, weil ich das als Kind immer gerufen hatte. Ich auch, ich zuerst. Das trifft den Ton unserer unersättlichen Gesellschaft. Ich wollte immer alles haben. Es ist die Naschsucht des Kindes, gefärbt von Neugier und Staunen. Im Erwachsenenalter artet eine solche Einstellung jedoch in eine verheerende Anspruchshaltung aus: »Immer alles, immer mehr, und zwar sofort!«

Wir waren zu Hause drei Brüder – zwei Schwestern folgten einige Jahre später –, was zu einer typisch politischen Spielanordnung führte. Zwei gegen einen. Je nach Interessenlage verbündete ich mich mal mit dem einen, mal mit dem anderen, was nun wirklich nicht sehr brüderlich ist. Aber wie hätte ich sonst meine Gier befriedigen sollen? Philippe auch: Ich wollte alles haben!

Die Falle besteht darin, dass einem alles so normal vorkommt: Man wuselt herum, wird überall dringend gebraucht, ist rastlos unterwegs, immer schneller, immer weiter. Ich kann mich noch gut an dieses Gefühl völliger Kontrolle erinnern – als wäre ich schwerelos. Der Gleitschirm ist das perfekte Sinnbild für diese Maßlosigkeit: Die normale Herzfrequenz beträgt bei Erwachsenen im Ruhezustand zwischen 60 und 80

Schlägen pro Minute, bei Marathonläufern etwas weniger. Beim Gleitschirmfliegen steigt die Herzfrequenz auf bis zu 180 Schläge pro Minute – und das über mehrere Stunden: Man ist buchstäblich wie unter Drogen! Damals war ich enorm leistungsfähig, äußerst aufmerksam, nichts entging mir; ich wusste, woran ich war, was ich für Anweisungen geben musste, welche Strategie ich fahren musste, wie ich den Konkurrenten schlagen konnte. Es war ein Rausch, wie im Spielkasino. Ich war einigermaßen anständig, galt als nett, auch wenn einige Kollegen mir den Spitznamen »Dampfwalze« gaben und ein Amerikaner mir nachsagte, ich würde vor Geltungssucht platzen. Ich war völlig überreizt, atemberaubend hyperaktiv, außerordentlich effizient, und das alles mit einem Lächeln.

Der Mythos der Gefahr als Ersatz fürs echte Leben erweist sich als Sackgasse. Ständig Risiken einzugehen wird zum Selbstzweck. Extremsportarten üben eine große Faszination aus. Um sich hervorzutun, stürzen sich Manager von Bergen oder Brücken. Als wäre das Leben nichts wert. Sein Leben an ein Gummiband zu hängen und ins Leere zu springen ist das Syndrom einer vermeintlichen Allmacht. Man stürzt sich zum Spaß vom Berg. Diese Haltung, die dem Leben wenig Bedeutung zumisst, war mir bestens vertraut.

In unserer konsumorientierten Gesellschaft sind diejenigen überlegen, die sich dem Konkurrenzkampf am besten anpassen, auf die Gefahr hin, dabei sogar Familie und Freunde auszugrenzen. Heute sehe ich diesem gnadenlosen Kampf vom Rollstuhl aus zu. Wie hart, ja grausam die Gesellschaft doch ist! So viele bleiben auf der Strecke, die gern noch mitmachen würden; sie wurden aus der Bahn geworfen. »Ich würde ja so gerne …« Wie oft habe ich diese schrecklichen, bedauernden Worte gehört? Offenbar haben individuelle Sehnsüchte in unserer Gesellschaft keinen Platz. Als sei es an den Menschen, sich an die Gesellschaft anzupassen, an die erbarmungslose Logik ihrer Mechanismen, die ihnen diktieren, wo es langgeht.

Im Du und Ich gibt es notwendigerweise eine Ethik der gemeinsamen Werte, eine Moral, die nichts mit der Logik des »perfekten« Marktes zu tun hat. Letztere besteht in der Vorstellung, dass alle beim Austausch von Waren und Dienstleistungen auf ihre Kosten kommen. Man predigt »Win-win« und beruft sich auf die unbegründete Wirtschaftstheorie der »Optimierung der persönlichen Bedürfnisbefriedigung«. Wie kann einem die Amoralität einer derartigen Beziehung zum anderen entgehen, bei der der eine – weil er über bestimmte Informationen verfügt und der andere nicht, oder durch Betrug und Gewaltanwendung – versucht, vom anderen zu profitieren? Vor meinem Unfall war mir nicht aufgefallen, wie pervertiert unser Entwicklungsmodell ist – gefangen in der Hektik des Handels, der Geschäftsreisen und der Marktanteile, hatte ich ganz vergessen, mein Gewissen zu befragen.

Profit, vor allem in seiner heutigen fehlgeleiteten Ausprägung, ist zu Amoralität und Gangstertum verkommen. Die Wirtschaft ist ein Spielkasino, in dem die Akteure Sie – anstatt Sie zufriedenzustellen – im Namen der zu optimierenden Interessen der Aktionäre schamlos übervorteilen. Ohne Ethik kann es keine Beziehung zum anderen geben, und diese Ethik muss angemessen sein. Man kann sie sich aber nur zu eigen machen, indem man innehält und still ist. Lärm und Hektik führen bloß zu Rücksichtslosigkeit und allen anderen Lastern.

Zu Beginn der Menschheitsgeschichte mussten wir die Kraft der Schöpfung anerkennen und ihre Beschränkungen akzeptieren. In der Renaissance machte sich der Mensch Gott ebenbürtig. Und heute glauben wir, über der Schöpfung zu stehen. Welch eine Illusion! Wir bilden uns ein, die Realität unseres menschlichen Daseins hinter uns lassen zu können, obwohl die Sterblichkeit doch von Anfang an unser Los ist. So viele Äußerlichkeiten in der Gesellschaft gaukeln uns vor, dass nichts uns etwas anhaben könne – wir wiegen uns in Illusionen. Dieses Allmachtspiel versetzt uns in eine Art Rausch, den wir am Ende mit der Wirklichkeit verwechseln.

Ich bin in diese Falle getappt: Es sah ganz danach aus, als wäre ich auf dem richtigen Weg, alle Anzeichen deuteten darauf hin. Doch das war ein Irrtum, und die Realität holte mich ein.

So war mein altes Ich, vor dem Sturz. Ich war mit hundert Sachen und noch mehr unterwegs: Glauben Sie, ich hätte da Zeit gehabt, mich mit meinen Nächsten zu beschäftigen, geschweige denn mit anonymen, fernen anderen, die meine bequemen Gewissheiten ins Wanken bringen könnten?

3 LIEBER GROSSVATER

Der Mann, der mich am stärksten beeinflusst hat, war mein Großvater, Robert-Jean de Vogüé. Er leitete den 1743 gegründeten Betrieb Moët & Chandon, dessen eine Erbin er geheiratet hatte. Zur Zeit der Besatzung wurde er wegen Widerstands verhaftet und zusammen mit dem kommunistischen Gewerkschaftsfunktionär seiner Firma zum Tode verurteilt. Beide wurden als »Nacht-und-Nebel-Häftlinge« ins Stalag IX A bei Ziegenhain verschleppt, wo sie hingerichtet werden sollten. Zum Glück überlebten sie. Nach seiner Rückkehr nach Frankreich im Jahr 1945 hat mein Großvater seine Haftzeit nie mehr erwähnt, und bald darauf kehrte er nach Deutschland zurück, um bei den Nürnberger Prozessen zugunsten deutscher Offiziere auszusagen, die sich anständig verhalten hatten. Der einzige Hinweis auf diese Periode seines Lebens war der fehlende Zeigefinger an seiner schlanken, schmalgliedrigen rechten Hand, den er sich selbst amputiert hatte, um keinen Wundbrand zu bekommen.

Nach der Gefangenschaft schlug er mit der Firma ganz neue Wege ein und etablierte in der Champagne ein weltweit einzigartiges System. In seinem Betrieb wandte er die Vorsätze des CNR, des Nationalen Widerstandsrates, an und beteiligte Führungskräfte und Arbeiter sowohl an den Entscheidungsprozessen wie auch an den Erträgen der Firma. Der Beitrag jedes Einzelnen, vom leitenden Angestellten über die Abteilungsleiter bis hin zu den Arbeitern und Angestellten, wurde in Zusammenarbeit mit einem von beiden Seiten ausgewählten Expertenteam beurteilt. Bald bezahlte Moët & Chandon im Durchschnitt doppelt so viel wie andere Firmen in der Champagne, und die Gehaltsschere zwischen Führungskräften auf der einen und Arbeitern und Angestellten auf der anderen Seite ging zusammen. Die Unternehmerkollegen meines Großvaters nannten ihn den »roten Marquis«, worauf er trocken erwiderte, sein älterer Bruder sei Marquis, nicht er; die politische Couleur leugnete er nicht! Im Gegenzug für die von seinen Ahnen ererbten Privilegien – sein Geschlecht ließ sich bis ins 11. Jahrhundert zurückverfolgen – sah er es als seine Pflicht an, die Interessen derer zu vertreten, für die er Sorge trug.

Mein Großvater gründete einen berufsübergreifenden Ausschuss der Weine aus der Champagne und hatte zusammen mit dem Führer der Winzergewerkschaft den Vorsitz inne. Eine Generation vor seiner, im Jahr 1911, war es in der Gegend aufgrund einer Hungersnot zu Unruhen gekommen, so elend ging es allen – außer den Besitzern der Champagnerhäuser. Die Armee schlug die Aufstände nieder. Meinem Großvater gelang es durchzusetzen, dass die Eigner den Weinbauern jedes Jahr einen Mindestpreis für die Trauben garantierten. Im Gegenzug verpflichteten sich die Winzer, ihre Reben pfleglich zu behandeln und so die Traubenqualität zu steigern.

So entwickelte sich das mittelständische Unternehmen Moët & Chandon rasch zum führenden Haus in der Champagne, es war doppelt so groß wie der zweitgrößte Betrieb. Seine qualitativ hochwertigen Erzeugnisse und die Reputation seiner Cuvées (Dom Pérignon, Jahrgangsweine) trieben den durchschnittlichen Verkaufspreis enorm in die Höhe. Das erlaubte wiederum eine energische Expansionspolitik, die die Grundlage für den ersten Luxuskonzern der Welt bildete: Moët Hennessy – Louis Vuitton, oder kurz LVMH.

Für meinen Großvater konnte der Wert seiner Marke nur auf einer einwandfreien Herkunftsbezeichnung beruhen. Aus Pragmatismus, aber auch aus Überzeugung ließ er alle Mitarbeiter seines Unternehmens, die mit ihrem Engagement einen Beitrag zur Qualität der Produkte und zum guten Ruf der Firma leisteten, angemessen entlohnen. Die Herkunftsbezeichnung »Champagne« wurde unvergleichlich, weil er die Winzer der Region im Tausch gegen die gute Pflege ihrer Reben zu Millionären gemacht hatte. Um dieses Ergebnis zu erzielen, hielt er es für notwendig, im Interesse aller Beteiligten zu einer Einigung zu kommen, und zwar durch Verhandlungen, die vom gegenseitigen Respekt der Gesprächspartner geprägt waren.

Diese Unternehmensethik hatte ich mir zu eigen gemacht, doch bei den heutigen Finanzexzessen und der Unersättlichkeit der Aktionäre finde ich sie nirgends wieder.

Nach dem Abitur zog ich zum Studium in die Champagne und ließ mir keine Gelegenheit entgehen, meinen Großvater zu besuchen, dem es den größten Spaß bereitete, mich mit meinen von den 68ern geprägten Ansichten aufzuziehen.

Kurz nach seinem Rücktritt aus dem Vorstand der Firma schrieb er ein schmales, heute vergriffenes Bändchen mit dem Titel *Alerte aux patrons* (»Unternehmer, aufgepasst!«), nach wie vor meine Lieblingslektüre. Seine Sorge galt der Gier der Aktionäre und Führungskräfte und ihrer Unfähigkeit, die Entscheidungen und das Betriebsergebnis zu teilen, um das Überleben der Firma zu sichern. Das Büchlein ist unter anderem mir gewidmet: »Für meine Enkel, auf dass es weitergehe.« Diese Widmung habe ich 2011, als der Film anlief, der die ganze Welt erobern sollte, in meinem Buch *Le second souffle** für meine eigenen Kinder aufgegriffen.

* *Ziemlich beste Freunde,* Berlin 2012.

4 DER BRUCH

Zehn Jahre nach dem Tod meines Großvaters trete ich dem Konzern bei, der 1985 zur Finanzgruppe geworden war. Im Jahr 1992 ist LVMH dann in den Händen eines Aktionärs, der mit 25 Milliarden Euro Aktiva das größte Vermögen Frankreichs besitzt. In den neunziger Jahren hat die Gruppe mit einer schwächelnden Konjunktur zu kämpfen und beschließt, beim Geschäftszweig Champagner und später auch bei Cognac Kündigungen vorzunehmen. Zum ersten Mal seit dem Zweiten Weltkrieg werden Hunderte von Angestellten in die Arbeitslosigkeit entlassen. Ich bin von der Brutalität und Unmenschlichkeit der Forderungen einer kurzfristigen finanziellen Rentabilität und von der mangelnden Weitsicht der Unternehmensleitung erschüttert. Dieses »Massaker der Unschuldigen« stellt mein Bekenntnis zur Wirtschaftsentwicklung um jeden Preis in Frage. Die Ungerechtigkeit versetzt mir einen Schock.

Diese ökonomische Brutalität lässt sich nicht mit der von meinem Großvater übernommenen Ethik vereinen. Einer Ethik, die auf gesundem Menschenverstand beruht, die sichere Arbeitsplätze und gleichzeitig die Strategie für die Entwicklung des Unternehmens gewährleistet.

Durch die Heftigkeit der kurzfristigen, in Paris erlassenen Zwangskündigungen entdecke ich, dass konkrete Menschen von der Maßnahme bedroht sind. Männer und Frauen, die von der Situation sichtlich gezeichnet sind, sitzen mir gegenüber, manchmal sind alle beide im Unternehmen beschäftigt: Was soll aus ihnen werden? Solange es glatt läuft, dreht sich alles um Zahlen, Bilanzen und gewonnene Marktanteile. Gelegentlich gibt es auch Personalprobleme, aber vergleichsweise selten. Doch bei Entlassungen treten die menschlichen Dramen in den Vordergrund, in einer endlosen Wiederholung.

Es ist hart, und ich bin auf eine solche Brutalität nicht vorbereitet: Bisher ist mir alles gelungen, und plötzlich stehe ich vor einer Niederlage. Ich stelle mir Fragen, fühle mich angeschlagen. Statt jedoch in erster Linie an den anderen, an die anderen zu denken, steht meine angeknackste Siegermentalität im Vordergrund. Also ist doch nicht alles nur ein Spiel. Diese Grausamkeit wirft mich aus der Bahn; ich flüchte mich in immer gewagtere Gleitschirmflüge.

Am 23. Juni 1993 zerschelle ich am Fuß eines Berges. Seither bin ich von den Schultern abwärts querschnittsgelähmt.

Der Unfall hätte zum Wendepunkt in meinem Leben werden können. Mein Flug mit dem Gleitschirm endete mit einem großen Knall: Ich bin gebrochen, Tetraplegiker. Erneut der Eindruck des Scheiterns, des Versagens. Man sollte meinen, ich wäre am Boden zerstört, aber in Wirklichkeit hat mein Panzer nur einen weiteren Riss bekommen. Meine Vorstellung von Erfolg, von Allmacht hält mich immer noch gefangen.

Als ich nach drei Monaten aus dem Koma erwache, ist meine Frau Béatrice an meiner Seite. Sofort sind die alten

Reflexe wieder da: Wenn ich mich schon mit diesem reglosen Körper abfinden muss, dann will ich der beste Behinderte aller Zeiten sein! Und es funktioniert: Ich bin ein Kämpfer, bin effizient. Schneller als alle anderen bin ich wieder »auf den Beinen«, erhole mich mit rasender Geschwindigkeit. Noch nie haben die Ärzte eine solche »Wiederauferstehung« gesehen! Der Unfall hat nicht genügt: Die Rüstung ist angeknackst, aber den allzu selbstbewussten Typen darin hat es nicht umgehauen. Ich bin immer noch der Alte, habe zwar ein bisschen Schlagseite, kann nicht mehr gehen, aber im Kopf ist meine Energie unverändert. Im Krankenbett, bei der Reha, nehme ich die Dinge wieder in die Hand, treffe Entscheidungen, fordere Unterlagen an, gebe Anweisungen. Mir ist nicht bewusst, dass ich schon aus dem Unternehmen ausgeschieden bin.

Der Gleitschirmunfall, das Ende einer brillanten Karriere: Nichts ist mehr wie zuvor. Ich brüte über der negativen Bilanz. Dieser sinnlose Kampf hindert mich manchmal daran zu erkennen, wie geschwächt Béatrice ist. Sie wiederum muss gegen einen gemeinen Krebs kämpfen, der sie auslaugt und schließlich zugrunde richtet. Ich habe Angst um sie, will der Realität aber nicht in die Augen sehen. Ein Leben ohne sie ist für mich unvorstellbar. Nur du und ich, Béatrice und ich. Diese Erkenntnis erschüttert mich. Wie soll ich überleben? Viele Stunden, ganze Tage haben wir beide zusammen im Liegen verbracht. Die Zeit vergeht, wir beide nebeneinander, während ihr Leben erlischt und von mir nur noch ein lebloser Körper übrig ist. Ohnmächtig erlebe ich ihren Niedergang mit.

Doch in diesem Ich und Du, ans Bett gefesselt, erschöpft, unfähig, sich zu rühren, steckt noch Leben. Innerlich passiert etwas. Heute weiß ich, dass ich mich damals entdeckt habe, dass in mir dieses neue Ich aufkeimte. Immer noch war ich von Hektik, Unruhe, Ehrgeiz erfüllt; mir ging die Einfachheit ab, die es mir erlaubt hätte, Béatrice in ihrer großen Verletzlichkeit wahrzunehmen, bevor es zu spät war.

Die sehr gläubige Béatrice wird von einer Gebetsgruppe begleitet. Mit Erstaunen sehe ich, dass es die Beziehung zwischen Dir und Mir geben kann. Du und Ich, das sind nicht nur zwei Personen. Du, das ist der andere – es sind aber auch die anderen. Es ist die Beziehung zu den anderen.

Beim ersten Mal erlebe ich diese Begegnung nicht ganz freiwillig: Béatrice und ich liegen da, und dann kommen diese Menschen einfach zu uns. Es sind Paare; sie lesen die Heilige Schrift, tauschen sich – manchmal fast beiläufig – über ernste Themen aus. Die Bibel war mir immer etwas suspekt gewesen, bestenfalls hatte sie mich kaltgelassen. Als Internatsschüler an einem christlichen Gymnasium musste ich an der Messe teilnehmen und alberte dabei oft herum. Ich fühlte mich nicht betroffen.

Fünf oder sechs Paare sitzen um uns herum, zusammen mit dem Jesuitenpater René Flament, einem Gefängnisgeistlichen und ehemaligen Lehrer des Instituts Saint-Joseph in Reims. Er kommentiert die Heilige Schrift. Bis dahin hatte ich die Bedeutung und Relevanz der Texte nicht erfasst, durch Pater Flament werden sie verständlich. Nach dieser ersten Begegnung bin ich erstaunt – die Einfachheit des Austauschs, die Art des Zuhörens in der Gruppe, die Toleranz gegenüber dem anderen überraschen mich. Bei der nächsten Begegnung möchte ich dazugehören; ich lausche aufmerksam, beteilige mich, sage meine Meinung – sicherlich unbeholfen und unwissend, doch die anderen begegnen mir mit Wohlwollen. Ich lerne die unterschiedlichen Teilnehmer kennen, die alle verantwortungsvolle Positionen bekleiden und dabei in unserem Beisein erstaunlich schlicht bleiben. Sie sind da, anwesend, sehr nahe. Zum einen körperlich natürlich, denn sie haben Stühle um unser Bett verteilt. Vor allem aber sind sie uns durch ihr Zuhören, ihre große Aufmerksamkeit, ihre Einfühlsamkeit und Bescheidenheit nahe. Keiner versucht sich hervorzutun, und sei es nur mit seiner umfassenden Kenntnis der Schriften. Diese Nähe überrascht mich, hilft mir, begleitet mich.

5 BÉATRICE' TOD

Béatrice wird sterben. Ich bin völlig fasziniert, denn es beunruhigt sie überhaupt nicht! Ihre Art zu leben und zu sterben verwirrt mich ganz und gar. Mir wird bewusst, dass meine ständige Getriebenheit nichts anderes ist als der Ausdruck meiner inneren Ängste. Lärm und Hektik dienen nur dazu, mich einzulullen. So reagieren viele von uns in unserer angstauslösenden Gesellschaft. Wir stopfen uns mit Beruhigungsmitteln voll, sind geschäftiger, als gut für uns ist, bloß um uns vor der Erkenntnis unserer Situation zu schützen. Geschäftigkeit, um sich keine Fragen zu stellen, um sich nicht so zu sehen, wie man ist. Ich war da keine Ausnahme.

Béatrice' nahender Tod bereitet mir furchtbaren Kummer. Ihr selbst nicht. Die letzten Monate im Krankenhaus verbringt sie in einem völlig sterilen Raum, einer Art Plastikzelt, das sie, jedenfalls theoretisch, vor jeder Bedrohung von außen schützen soll. Ich befinde mich hinter Glas, komme nicht an sie heran, außer mit meinen Blicken. Mehrmals täglich bin ich dank Abdel bei ihr. Abdel erlebt Béatrice' letztes Lebensjahr mit, diskret, sehr präsent, immer verfügbar.

Im Rollstuhl passiere ich alle Dekontaminationsschleusen. Béatrice betet, ein unvergessliches Lächeln im Gesicht. Ich begleite sie schweigend. Vermutlich ist es das erste Mal in meinem Leben, dass ich ein bisschen Ruhe gebe. Das Ich im Werden hat die Stille gebraucht. Später leuchtete es mir ein: Ehe das Ich überhaupt in eine Beziehung treten kann, muss es sich erst in der Stille entwickeln.

Ist das der Osmose mit meiner Frau zu verdanken, die lächelnd stirbt? Natürlich ist sie sehr still, zwischen uns gibt es keine Worte mehr. Béatrice' Ende ist schmerzvoll. Ich gehe damit wie ein Kämpfer oder ein Manager um: Alles wird für ihre Annehmlichkeit getan, damit ein Fünkchen Hoffnung bleibt. Aber innerlich ist mir bewusst, dass in diesen Monaten der Stille etwas geschieht, in den Monaten, in denen ich hinter der Scheibe stehe und sie betrachte, wie sie leidet, lächelt und betet, unzugänglich in ihrem Plastikzelt. Ich kann weder mit ihr sprechen noch sie berühren. Wir sind beide ganz in der Betrachtung versunken.

Dann kommt der Tag, an dem mich das Krankenhaus dringend herbeiruft, und mir wird plötzlich bewusst: Das ist das Ende. Kurz darauf bin ich da. Auf eine sterile Umgebung wird nicht mehr geachtet – das Pflegepersonal lässt mich zu ihr. Sie versteht, weiß, was vor sich geht, lächelt immer noch. Und sagt nur diesen einen Satz: »Dein Wille geschehe.«

Es ist unerträglich, ich kann dieses rätselhafte Vertrauen nicht verstehen. Ich leide und bin gleichzeitig beeindruckt, schwanke zwischen völligem Unverständnis und dem Reiz dieser mystischen Anmut: Irgendetwas entgeht mir da!

Béatrice, diese unvergleichliche andere, war mein Daseinsgrund. Im Moment des Abschieds merke ich, dass ich nur durch sie gelebt habe. Ich habe sie nicht immer verstanden, sie blieb eine Unbekannte und war dennoch von essentieller Bedeutung.

Ich weiß nicht, wie ich mit Béatrice' Abwesenheit umgehen soll. Nie bin ich auf den Gedanken gekommen, ich könnte ohne sie leben. In Wirklichkeit war die andere, die mir so nahestand, meine Krücke. So ging ich durchs Leben. Ich existierte nur durch sie – so unreif war ich! Ich strebte nur nach Erfolg, um sie daran teilhaben zu lassen, kam nicht mal auf die Idee, dass sie sich vielleicht etwas anderes erhofft haben könnte. Diese unreife Symbiose brachte mich ins Stolpern.

Als der Tod kommt, bin ich von Kummer überwältigt. Ich mache eine fürchterliche Zeit durch: Ohne Béatrice löse ich mich auf. In den folgenden Monaten gehe ich unter. Meine Kinder, die am Anfang der Pubertät stehen, machen sich Sorgen. Meine Tochter fasst mich nicht mehr an, mein Sohn legt sich zwar neben mich, spricht aber nicht mit mir. Sie sind orientierungslos, und ich liege weiter im Bett, reglos; ich bin woanders. Unsere Freunde von der Gebetsgruppe kommen noch, auch ohne Béatrice, sie lassen nicht locker, aber ich bin – wie soll ich sagen? – in einem Zustand völliger Verzweiflung.

All die Jahre mit Béatrice sind vorbei. Ist das Leben also doch nicht unbegrenzt? Es ist eine Zeit des Kummers, der Abwesenheit, der Auflösung. Eine Psychologin bringt mich zum Reden: Was ich bin, ergießt sich dort, bei dieser anderen, irgendwohin. Ich sehe ein bisschen klarer, bürde aber ihr meine Last auf. Gleichzeitig ist es, all diese vielen Nächte und Tage, eine sehr intensive Zeit der Stille.

Ich habe das Gefühl, allmählich zu einer früheren Unschuld zurückzukehren. In die Kindheit. Zum Ursprung, als das Verhältnis zum anderen noch nicht pervertiert war: Der Blick des anderen zwingt einen dazu. Kinder sind unbewaffnet. Bis dahin war ich stets gewappnet und abwehrbereit. Die tiefe Stille formt mich neu – ich gebe die Deckung auf und strecke die Waffen.

6 DAS NEUE ICH

Das Ich erledigt seine innere Reinigung im Stillen. Ich rede schon wie ein Therapeut! Aber es ist wirklich allesentscheidend, sich von seinen Lasten zu befreien, um auf den anderen zugehen zu können. Ich habe einige Zeit gebraucht, um die alten egoistischen Lumpen abzustreifen, um alle Burgen zu schleifen, diese albernen Festungen, diese hohen Mauern, die ich zum Schutz vor dem anderen errichtet hatte. Das ist unerlässlich, um zu einer gewissen Unschuld zurückzufinden und endlich zu leben.

Seit dem Unfall leide ich, und das ist unangenehm. Heute noch plagen mich oft genug diese Schmerzen, die, gelinde gesagt, störend sind. Dann verbindet sich extreme Stille mit einer großen Verletzlichkeit; ich muss in mein Inneres hinabsteigen, in ungeahnte Tiefen. Und entdecke, dass mein Körper fragil ist und ich der Schonung bedarf. Im ersten Teil meines Lebens war ich zu unbeteiligt: Ich musste ins Hier und Jetzt zurückfinden, aufhören, mich in die Zukunft zu versetzen. Unter dem leisen Druck meiner Behinderung habe ich den Zähler wieder auf null gestellt: Ich bin in die Wirklichkeit des Menschseins zurückgekehrt. Durch diesen abgrundtiefen Tauchgang wurde ich zu dem, der ich heute bin. Letztlich bin ich wieder auf den Boden der Tatsachen zurückgekehrt!

Ich mache die Erfahrung einer unverhüllten, verfügbaren Gegenwart: was für eine Überraschung! Nun bin ich wirklich anwesend, im wahrsten Sinne unbeschwert, befreit von der Zukunft. All die Jahre, in denen ich lernte, ich selbst zu sein, lag ich auf meiner lauten Luftstrommatratze, im Lärm des Gebläses des Antidekubitussystems, das dazu diente, der Bildung von Druckgeschwüren entgegenzuwirken, und litt starke Schmerzen. Nach meinem Unfall 1993 war ich zwei Jahre im Krankenhaus, dann fand ich mich plötzlich allein zu Hause wieder. Eindruck von Leere und totaler Verfügbarkeit. Ich bin buchstäblich in meiner Zimmerdecke: Darüber mag man lächeln, aber es ist unglaublich, was man alles in einer Decke findet! Sie ist ein Spiegel, der widergibt, was man ist. An der Decke entfaltet sich mein neues, weniger selbstbezogenes und dafür tieferes und wehrloseres Ich, bereit für die Begegnung.

Die große Verletzlichkeit und die unsichere Zukunft lassen die Gegenwart sehr prägnant, greifbar und konkret werden. Heute noch tauche ich, wenn es nur noch Leiden und Stille gibt, ganz und gar in das Hier und Jetzt ein. Paradoxerweise finde ich dort einen Schatz: Ich kann im Augenblick leben. Es mag prätentiös klingen, aber ich betrete dann »die Zeit«.

In der Gegenwart zu leben ändert alles. Der Augenblick, das sind die anderen. Wenn ich immer nur für den nächsten Tag lebe oder nur mit Plänen und Erwartungen beschäftigt bin, übersehe ich die anderen. Sie gehen an mir vorbei und ich an ihnen. Ich bin woanders. Den anderen gibt es nicht, solange man in Lärm und Geschäftigkeit gefangen ist: Da hat er nichts zu suchen, er gehört da nicht hin.

Ich bin bewegungsunfähig, ohne Pläne, raus aus allem Trubel. Langsam lebe ich wieder auf, aber anders, intensiver, verfügbarer. Im Gegensatz zu den ersten Jahren des Leidens, in denen ich allein sein wollte, bin ich heute sehr glücklich, wenn jemand das Zimmer betritt.

Ich bin kein anderer, sondern immer noch derselbe. Aber ich bin endlich präsent. Befreit. Das ist in meinem Fall doppeldeutig: »Die Lunge zu befreien« ist lebenswichtig für Tetraplegiker, denn bei uns besteht die große Gefahr, dass sich zu viel Schleim in der Lunge ansammelt, sie überlastet ist und wir am Ende ersticken. Abdel musste mich regelmäßig absaugen, um die Bronchien zu belüften. Im übertragenen wie im wörtlichen Sinn bin ich also die ganze Zeit damit beschäftigt, mich zu befreien, um zur Verfügung zu stehen.

Endlich frei, entdecke ich Freunde um mein Bett, insbesondere die Gebetsgruppe, die mir weiterhin die Treue hält. Es ist kein »Kollektiv« mehr, sondern eine Gemeinschaft von Einzelnen, die ich nach und nach kennenlerne und die jeweils ihren Platz in der Gruppe haben. Ich bin völlig verblüfft, als ich den bzw. die anderen entdecke, also jeden Einzelnen, einen nach dem anderen. Und ich merke, dass sie mir etwas voraushaben: Respekt voreinander. Nie fallen sie einem anderen ins Wort.

Wage ich, es mir einzugestehen? Ich entdecke, dass die anderen mir etwas zu sagen haben. Früher habe ich natürlich auch irgendwie zugehört, war dabei aber merkwürdigerweise insgeheim davon überzeugt, ich hätte immer recht und könnte gar nichts von den anderen lernen. Was aber, wenn in ihren Worten doch etwas steckte?

In dieser Zeit fällt es mir leichter, unter Abdels Fittichen nach draußen zu gehen. Ich fahre im Rollstuhl spazieren und komme unter die Leute. Sie mögen mich anders ansehen, aber auch mein Blick hat sich verändert: Ich will nichts weiter als Luft schnappen, durch die Menge fahren, den Puls der Stadt fühlen. Kein Ziel. Keinerlei Drang zu kämpfen, zu rennen, zu »wollen«! Endlich finde ich eine friedliche Art, auf der Welt zu sein.

7 WEG MIT DEN MASKEN!

Ich habe mich zwar durch meinen Unfall stark verändert, bin aber doch derselbe geblieben. Nur war mein wirkliches Ich durch die Jagd nach dem Erfolg in der Versenkung verschwunden. Man muss die innere Quelle freilegen, sich neu zentrieren. Zu sich zurückfinden, vielleicht?

In der Reglosigkeit und Stille habe ich mich wiedergefunden. Meine Identität war von der hektischen Geschäftigkeit der modernen Gesellschaft verdeckt. Auch den außerordentlichen Reichtum des Nichtstuns habe ich entdeckt – ich, der ich immer geglaubt hatte, leben heiße aktiv sein. Das ist eine zutiefst revolutionäre und nonkonformistische Erkenntnis! Das Nichtstun ist ein unerhörter Reichtum. Meditierende oder Mönche und Nonnen wissen das. Es liegt ein Reichtum darin, kein Akteur zu sein. Seine Rolle zu spielen ist sehr anstrengend, stressig und bringt einem selbst nichts außer allenfalls mehr Anerkennung von den anderen. Wir tun es, weil es der gesellschaftlichen Konvention entspricht und weil es undenkbar ist, sich nicht an die Konventionen zu halten. Aber wo bleibt unser eigentliches Ich, wenn wir eine Rolle übernehmen?

Etymologisch kommt das Wort Person vom Lateinischen »persona«, abgeleitet vom Verb »personare« (widerhallen, herausschallen). Es bezeichnet die antike Theatermaske, die mit einer speziellen, als »Megaphon« dienenden Vorrichtung ausgestattet war. Als wäre die Person in dem Laut, den sie von sich gibt. Aber könnte sie nicht auch in der Stille zu finden sein, jenseits ihrer Rolle?

Nachdem Sie Ihren Platz eingenommen haben, treibt Sie etwas an: Schauspieler sind auf ihr Spiel konzentriert, und auch wir schauspielern die ganze Zeit, außer in der Stille. Doch was passiert, wenn wir uns aus dem aktiven Leben zurückziehen? Dann können wir endlich die Akteure hinter den Masken sehen und die anderen beobachten – wir können bei ihnen sein. Dafür bedarf es einer gewissen Passivität, Stille und Reglosigkeit. Man muss zulassen, dass der andere einem das Stichwort gibt. Auf einmal sehen wir klarer! Ich weiß, wovon ich spreche: In meinem früheren Leben, dem Leben als Gewaltmarsch, hat wohl nie eine wirkliche Begegnung stattgefunden. Nicht einmal mit Béatrice, die ich doch so bewundert habe. Ich hätte mehr für sie da sein sollen. Wer ständig herumhetzt, sieht und hört nichts. Der andere zeigt sich erst im Standbild. Andernfalls bleibt alles verschwommen, und es kommt nicht zu einer Begegnung.

Weg mit den Masken! Ich habe die wahre Klangfarbe meiner Stimme, meiner Person wiedergefunden und bin zutiefst glücklich darüber, passiv, schutzlos und unverhüllt inmitten der anderen zu sein. Es ist nicht leicht, in unserer Gesellschaft die Idee zu vertreten, das Glück bestehe nicht darin, zu handeln, sondern darin, man selbst zu sein, ganz und gar anwesend. Dabei ist genau das die einzige Möglichkeit, auf den anderen zuzugehen.

Allerdings hatte ich in meinem früheren Leben gar nicht den Eindruck, ein falsches Spiel zu treiben oder bloß eine Rolle zu spielen. Ich fühlte mich sehr wohl in meiner Haut! Vermutlich, weil ich dem gesellschaftlichen Imperativ entsprach, der da lautet: immer mehr! Ich stürzte mich mit aller Kraft in die Aktivität, hatte Erfolg, war wichtig! Doch ein derart aufgeblasenes Ich ist erstickend. Von außen und mit Abstand betrachtet, finde ich diesen Wettlauf heute erschreckend. Was für ein Stress! Übermäßiger Ehrgeiz setzt alle unter einen furchtbaren Druck, er verunsichert. Doch wozu ist diese Gier gut? Die Sucht nach Erfolg erzeugt Neid, Eifersucht und Egoismus. Man betrachtet den anderen dann nur noch als Rivalen oder Mittel zum Zweck.

Die Gesellschaft bringt uns in eine permanente Wettbewerbssituation. Sport ist großartig, wenn er einen über sich hinauswachsen lässt. Aber wie steht es um den wirtschaftlichen und sozialen Konkurrenzkampf, der zu einem Kampf um Leben und Tod wird? Voller Unruhe fragen wir uns ständig: *Er oder Ich*? Wo bleibt da die Begegnung zwischen *Dir und Mir*? Wie kann es überhaupt eine Begegnung geben, wenn der andere nur als Risiko, als Gefahr oder Konkurrent wahrgenommen wird?

Der Lauf der Ereignisse hat meine Entdeckung des anderen ein bisschen »gefördert«. Reglos, still und aufmerksam verharren: Ich wurde zu einer »Pozzo-Pause« gezwungen! Diese Deaktivierung heißt aber nicht, dass man sich verleugnet, sondern dass man aufnahmebereit ist. Man hält die Zeit an, damit der andere in Erscheinung treten kann: Erst durch einen gewissen Rückzug, durch eine persönliche Stille, in der man dem anderen zuhören und ihn betrachten kann, wird er überhaupt verfügbar oder sichtbar. Es ist sehr beglückend, einfach nur eine Verbindung anzuknüpfen und sich plötzlich bewusst zu werden: Da ist jemand, der nicht ganz so ist wie ich, ja der manchmal sogar vollkommen anders ist als ich.

Warum gehen unsere Begegnungen so leicht schief? Wenn wir uns aufdrängen oder vorhersehen wollen, was sich aus der Begegnung ergibt, hat der andere keinen Raum. Vielleicht erzeugen wir so unbewusst eine bedrohliche Atmosphäre, wo es doch eigentlich darum ginge, den anderen auf sich zukommen zu lassen, ihm das Wort zu geben. Natürlich halte ich Vorträge und äußere mich in den Medien, aber zugleich bin ich viel stiller geworden. Ich liebe es, den Menschen zuzuhören! Indem wir zulassen, dass der andere sich offenbart, anstatt uns immer nur zu profilieren, leisten wir einen Beitrag zu mehr Menschlichkeit. Hören Sie den anderen zu: Die Welt hat einen ungeheuren Reichtum zu bieten!

8 DER ENGE VERTRAUTE

Es gibt nicht nur eine Art der Beziehung zum anderen, sondern eine ganze Skala des Ich und Du, vom engen Vertrauten bis zum Fremden.

Das erste Du ist das vertrauteste. Das der Sinnlichkeit, das Sie, physisch und emotional, berührt und in dessen Gesellschaft Sie am meisten Zeit verbringen. Ihre Persönlichkeit wird von diesem so vertrauten anderen geprägt. Dazu zählen die Ehefrau oder der Ehemann und die Kinder. Auch einige andere aus dem Familienkreis sind enge Vertraute. Diese anderen berühren Sie in jedem Sinne des Wortes. Zu ihnen besteht eine sinnliche, ja fast körperliche Beziehung, die sich unmittelbar dem Gefühl öffnet. Es ist unmöglich, sich selbst zu definieren, ohne den Anteil des anderen zu erwähnen, der so sehr zu einem gehört. Es ist eine Frage der Transparenz, aber es geht auch um den Einfluss, das Verständnis des anderen in der Konstruktion des eigenen Selbst.

Die vertraute andere, das ist für mich die schon viel zu lange verstorbene Béatrice, es ist Khadija, meine Frau. Trotz vieler Jahre des Einklangs, der geteilten Freude, des geteilten Leids, der gemeinsam bestandenen Prüfungen bleiben sie wunderbar geheimnisvoll. Dieses außergewöhnliche, unergründliche »andere« bildet die unverzichtbare Seite des Individuums.

Indem wir dieses individuelle Rätselhafte bei dem anderen anerkennen, von dem wir doch eigentlich alles zu wissen glauben, akzeptieren wir, dass auch unsere eigene Persönlichkeit nicht durch und durch erklärbar ist. Man muss das Rätsel des anderen als Spiegelbild des eigenen Rätsels sorgfältig kultivieren. Die Erkenntnisse der Psychoanalyse mögen einige dieser Geheimnisse, die uns belasten, leichter machen; wenn wir aber alles aufklären wollten, käme das schon fast einem Betrug oder einer Lüge gleich. Durch den Umgang mit dem vertrauten anderen akzeptieren wir unser unbekanntes Ich, und der Austausch dieser zwei mit so viel gemeinsamem Leben aufgeladenen Rätsel ist sicher eine der großen Freuden des vertrauten Miteinanders. Die Bedeutung dieses geteilten Rätsels kann im Lauf der Zeit zunehmen. Dann wird das anfangs vielleicht stark von Leidenschaft geprägte gegenseitige Vertrauen immer mehr vom Verständnis füreinander genährt.

Béatrice war sehr gläubig, und ihre Beziehung zum Anderen, dem Ganz-Anderen, die mir zu hoch war, gehörte zu uns; ich begrüßte sie, weil sie ein untrennbarer Teil von Béatrice war. Sie wiederum erkannte in meinem Stillschweigen über dieses Thema den rätselhaften, unergründlichen Anteil meiner Persönlichkeit. Wenn ich an sie, diese sehr vertraute andere, denke, bleibt mir die faszinierte Erinnerung an eine unerhörte Anmut, eine außerordentliche Sanftheit. Mit ihrer sensiblen und emotionalen Intelligenz zeigte sie mir, wie steril mein Anspruch auf »intellektuelle Klarheit« manchmal sein konnte. Am Ende akzeptierte und suchte ich sogar ihre untrügliche Intuition, mit der sie etwas erkannte oder begriff, ohne es notwendigerweise erklären zu können. Béatrice wusste um die Wirkung der Stille. Ihr war eine unmittelbare Nachsicht eigen, gestärkt von grundsätzlich hohen Ansprüchen. Zu lange habe ich mich gegen das Ungefähre, das Unausgesprochene gewehrt, bis ich endlich die Bedeutung einer überzeugten, oft stillschweigenden Ungewissheit erkannte.

Die Freude an der Schönheit einte uns, Béatrice, Khadija. Was ist Schönheit anderes als inspirierend und, für Béatrice und Khadija, selbstverständlich? Als wäre die Schönheit jenseits der Worte am angemessensten für die Sphäre des Vertrauten. Uns verbindet dieselbe Leidenschaft für Kunst, Musik, Malerei. Die Interessen des anderen zu teilen lehrt uns zugleich, die Unterschiede zu akzeptieren und tolerant zu sein. Die geteilte Begeisterung für das Schöne ist der Ursprung einer Gemeinsamkeit jenseits der Worte; man teilt etwas Unaussprechliches. Wenn der andere uns etwas bedeutet, fällt es uns leichter, unser Misstrauen, die Barrieren zwischen uns sowie unsere Befürchtungen zu überwinden.

Die Beziehung mit dem vertrauten anderen ist eine Praxis der einvernehmlichen, unbeschwerten gegenseitigen Beeinflussung. Und hat man erst das Glück wohlwollender, bereichernder Einflussnahme erfahren, ist keine Rede mehr davon, die eigene Souveränität aufzugeben. Ich habe sehr viel mehr davon, aufnahmebereit und offen für den anderen zu sein, als davon, unbedingt meinen Willen durchzusetzen. Wenn ich mich zurücknehme, bereichert mich der andere – und umgekehrt.

In unserer individualistischen Gesellschaft, wo das Ich immer von einem Gewimmel anderer umgeben zu sein scheint, bedeutet das Erkennen des vertrauten Du, dass man bereit ist, von diesem anderen tiefgreifend verändert zu werden. Und wenn man sich auf diese Veränderung unter dem wohlwollenden Einfluss des anderen einlässt, schlägt man einen Weg zur Ganzheit ein. Die Nähe eines anderen, der einem lieb und teuer ist, wirkt sich in unserer angstauslösenden Gesellschaft heilsam und beruhigend aus.

9 DER FREUNDESKREIS

Das Ich und Du der Kameradschaft, der Freundschaft, des Vertrauens – diese Gesichter nimmt das Ich und Du im Freundeskreis an. Zu diesem zweiten Kreis gehören jene anderen, für die ich besondere Zuneigung empfinde. Dazu muss man sich nicht notwendigerweise viele Jahre kennen; Nähe und Herzlichkeit bilden die Basis des Vertrauensverhältnisses.

Heute bereichert der andere im Rollstuhl meinen Freundeskreis. Doch dieses Requisit ist nicht unabdingbar für unsere Freundschaft: Die Tatsache, dass wir beide im Rollstuhl sitzen, mag unsere Beziehung erleichtern, weil dadurch eine Reihe von Barrieren wegfällt. Man akzeptiert sich ohne große Worte. Die Einfachheit im Umgang ist es, die den Freundeskreis definiert. Hier muss man dem anderen nichts beweisen. Wie der enge Vertraute, so ist auch der Freund absolut vertrauenswürdig. Aber jede Freundschaft ist unterschiedlich, je nachdem, wie sie entstanden ist und welchen Weg sie genommen hat.

Eine der ersten Erinnerungen, die ich mit Antoine, einem korsischen Verwandten, teile, spielt in unserer Kindheit in Marokko. In einer Ecke des staubigen Gartens vergnügten wir uns damit, mit Stöcken Skorpione auf den Rücken zu drehen, oder wir hüpften in die Wellen des Atlantiks. Viele Jahre hatten wir uns aus den Augen verloren, weil er sich für sein geliebtes Korsika engagierte und ich mit Béatrice in den USA lebte. Dann tauchte er, zusammen mit seiner Frau und unseren Freunden, in den letzten Augenblicken von Béatrice' Leben wieder auf und blieb in den zehn Jahren nach ihrem Tod zusammen mit anderen Paaren in der Gebetsgruppe. Noch heute trifft er sich mit diesen Freunden; ich kann von meinem fernen Marokko aus nur in Gedanken dabei sein. Antoine, sehr diskret, aufmerksam, immer um mich besorgt, ruft regelmäßig an. Gern spreche ich mit ihm über seine Projekte in Korsika, seine politischen Analysen und die Freuden des Großvater-Daseins.

Antoines genaues Gegenteil ist mein überschwänglicher Freund Yves. Ich habe ihn bei einem Projekt im Rahmen einer Expedition des großen Bergsteigers Jerzy Kukuczka kennengelernt, wo Gleitschirme vom Gipfel des Lhotse starten sollten. Kukuczka selbst starb bei einem Sturz wenige hundert Meter vom Gipfel entfernt. Yves und seine Frau luden Béatrice und mich in ihr Chalet in den Savoyer Alpen ein. Bald bildeten wir zusammen mit dem befreundeten Chirurgen Max das Gleitschirm-Trio; Max holte mich bei meinem Absturz im Juni 1993 »zurück«, und seine Entscheidungen waren es, die mir das Leben retteten.

Seit über fünfundzwanzig Jahren sind wir Verbündete, haben viel zusammen gelacht, haarsträubende Geschichten miteinander erlebt, wilde Partys gefeiert. Diese beiden Gefährten kamen am Silvesterabend in die Klinik nach Nantes, wo ich kürzlich aufgenommen worden war. Sie bauten zusammen mit ihren Frauen ein Buffet in den Krankenhausgängen auf und luden alle aus der Abteilung dazu ein. Einige, die erst vor kurzem verunglückt waren und einen völligen Tiefpunkt hatten, kamen in ihren Betten. Was für ein rauschendes Fest es wurde, mit den unsinnigsten Späßen, die schließlich eine allgemeine Heiterkeit auslösten! Eine Premiere in den Annalen des Krankenhauses!

Erinnerungen, Erinnerungen – zum Beispiel an herrliche Tage oben in den Bergen, wenn wir über die Rudel Gämsen hinwegflogen, die Baumwipfel fast streiften, uns in der Thermik hochschraubten, Bussarde verfolgten, wie Schmetterlinge auf saftigen Wiesen landeten, um unsere Flüge schließlich im Kreis der Freunde unter vielerlei Kommentaren und großem Gelächter am Boden noch einmal zu erleben. Ursprünglich waren diese gemeinsamen Abenteuer die Grundlage unserer Freundschaft, und nach dem Unfall hätte es damit vorbei sein können.

Doch Yves war seither immer für mich da, er ließ es sich nicht nehmen, mich nach Béatrice' Tod mit einigen wilden Tandemflügen wieder aufzubauen. Mit den Texten, die er veröffentlichte, ließ er mich an seiner Leidenschaft für die Berge teilhaben. Später lud er mich zusammen mit meiner Frau Khadija – und seiner Frau Chantal, einer feinen Freundin, die immer ein offenes Ohr hat – in sein wunderbares Anwesen in Veurey oberhalb von Grenoble ein. Keine der Hochzeiten ihrer vier Kinder habe ich mir entgehen lassen, nicht einmal die von Etienne, dem Jüngsten, obwohl ich ihn doch – vergeblich! – als Mann für meine Tochter Laetitia vorgesehen hatte. Im Krankenhaus in Nantes kam Yves das ganze Jahr lang jeden Monat einmal aus Grenoble zu Besuch, und er rief allabendlich an, um sich nach mir zu erkundigen und mich zu ermutigen. Als Chantal uns mehrere Monate im Voraus zur Überraschungsparty an Yves' Geburtstag einlud, versprach ich ihr zu kommen, notfalls auf allen vieren. Als er mich dann bei der Feier aufkreuzen sah, brach er in Tränen aus!

Im Freundeskreis kann man sich alles sagen. Ich hatte vor dem Unfall viele Bekannte, Geschäftsbeziehungen, Kumpel und einige wenige Freunde. Seit meinem Absturz habe ich viele echte Freunde. Manche kannte ich schon früher, doch für meine neugewonnenen Freunde haben das Leid, der akzeptierte Unterschied zwischen uns die Beziehung vereinfacht. Da gab es nur noch die Freude daran, zusammen zu sein, ohne den anderen überzeugen, umschmeicheln oder beherrschen zu wollen. Vielleicht fällt es mir ja leichter, Freundschaft zu schließen, weil die Unbeweglichkeit mich hat aufmerksamer werden lassen und es mir so erlaubt, den anderen zu (er)kennen.

Aber ganz egal, wie gut ich meine Freunde kenne, sie überraschen mich immer noch. Sie sind meine Vertrauenspersonen, wir bereichern uns gegenseitig. Mit meiner Hilfe werden sie, die häufig wichtige Posten bekleiden, sich ihrer Verletzlichkeit bewusst. Manchmal fällt es ihnen schwer, sich einzugestehen, dass sie mit ihren Kräften haushalten müssen, um ihrer Verantwortung weiterhin gerecht zu werden!

Sie dagegen achten auf mein Wohlbefinden, und das nicht nur auf körperlicher oder materieller Ebene. Im Gegenzug habe ich immer ein offenes Ohr für die anderen, ich bin derjenige, den man – um Abdel zu paraphrasieren – dort wiedertrifft, wo man ihn zurückgelassen hat, ich stehe immer zur Verfügung. Meine Fähigkeit, im Gewand eines Menschen mit Behinderung in der Welt der Gesunden zu verkehren, beruhigt meine Freunde, die im Berufsleben stehen, und tröstet die neuen Freunde im Rollstuhl. Sie alle sind wunderbare Menschen und mir lieb und teuer: Für Freunde hält man inne. Man horcht auf, wenn sie rufen, und umgekehrt können auch sie gut zuhören. Freunde wollen nicht unbedingt auf alles eine Antwort haben. Aber sie lassen einen auch nicht mit einem Problem sitzen, weil sie sich angeblich nicht einmischen wollen.

Viel zu oft hört man die gleichgültige Bemerkung: »Mach doch, wie du willst, so, wie es sich für dich richtig anfühlt.« Das ist einer echten Freundschaft nicht würdig! Diese Laschheit, die alles möglich lässt, wo alles in Frage kommt und nichts einen Unterschied macht, gaukelt eine große Toleranz vor. Dabei ist sie nur eine Ausflucht, der Ausdruck von Faulheit oder gar von Ängstlichkeit. Freundschaft ist anspruchsvoll, sie erfordert Mut und gesunden Menschenverstand – Freundschaft mobilisiert.

Tatsächlich ist eine freundschaftliche Beziehung alles andere als erholsam. Vergessen Sie die Formalitäten: Der Austausch ist intensiv. Wenn es keinen Zweck, keine Berechnung gibt, bleibt nur das Bedürfnis nach dem zuverlässigen anderen, an den ich mich ungeschminkt, ohne Maske wenden kann. Selbstverständlich nehmen meine Gleitschirmfreunde seit einem gewissen 23. Juni, der einen Bruch bewirkte, und das nicht nur körperlich, einen besonderen Platz ein. Unsere Freundschaft hat diesen Bruch überstanden. Bestimmt war ihr Schuldgefühl groß, und ich habe sofort versucht, es ihnen zu nehmen, indem ich den Wunsch äußerte, wieder zu fliegen. Und sie haben ihn mir erfüllt!

Mit unserer Freundschaft hätte es am Tag des Unfalls vorbei sein können, als wäre sie ein Rollenspiel und untrennbar mit einer bestimmten Form körperlicher Präsenz verbunden. Aber meine Gleitschirmfreunde Max und Yves waren vor dem Unfall da, beim Unfall war ihre Anwesenheit immens wichtig, und in den letzten zwanzig Jahren sind sie immer noch an meiner Seite. So bald wie möglich bat ich sie um ein Foto von uns dreien, das ich über mein Bett in der Intensivstation hängte.

Der Unterschied aufgrund meiner Behinderung hat uns einander nähergebracht. Früher waren wir Sportsfreunde, zogen zusammen um die Häuser. Alle drei gingen wir große Risiken ein – und lernten auf brutale Weise, dass das Spiel nicht unbedingt die beste Art ist zu leben!

Vor kurzem kamen wir drei mit unseren Frauen in unserem friedlichen Heim in Essaouira zusammen. Khadija hatte einen wunderbaren Silvesterabend für uns organisiert, und wir gaben uns ganz dem Genuss des Pommery-Champagners und des *Ave Maria* von Gounod hin. Ein unsagbar zärtlicher Moment der Gemeinsamkeit. Das Gegenstück zu unseren verrückten Spritztouren am Himmel …

10 DIE GEMEINSCHAFT

Der dritte Kreis – jene Schicht, die ich den »Luftbereich« nenne – besteht aus den Menschen im Raum um Sie herum. Vor dem Unfall war dieser Bereich bei mir in ständiger Bewegung, und es fiel mir schwer, die Leute darin wahrzunehmen – entweder sie drifteten in alle Richtungen auseinander, oder ich führte sie in meinem Kielwasser mit. Unsere Wege kreuzten sich bloß. Für ein Ich und Du muss es aber einen Ort der Begegnung geben, man muss innehalten. Die Tischrunde, die Gemeinschaft – das ist der Kreis des »Luftbereichs«, die zum Stillstand gekommene, unmittelbare Umgebung. Man »gehört dazu«. In diesem Kreis zeichnen sich die Beziehungen durch menschliche Wärme und Aufrichtigkeit aus. Trotz der unterschiedlichen Dus und Ichs in der Gemeinschaft, deren Verhältnis freundschaftlich, aber eher zurückhaltend ist, ist dieser Raum der Begegnung insgesamt von Herzlichkeit geprägt. Es geht keine Bedrohung davon aus, im Gegenteil, man hat Freude am Zusammensein.

Der entsprechende andere hält sich im Luftbereich meines Lebens, ja, in der Luft selbst auf, denn wir atmen gemeinsam die unmittelbare Atmosphäre, die uns umgibt und in der wir leben. Der Kreis umfasst nur wenige Meter: In größerer Entfernung gibt es keinen Kontakt mehr. Dieser andere der Vertrautheit, der Freundschaft, des Miteinanders, des offenen Ohrs und des Austauschs ist ganz nahe. Häufig handelt es sich dabei um den anderen in einer bestimmten Lebensgemeinschaft.

Ich erlebe das zum Beispiel in den Krankenhauskantinen, wo wir, sofern wir dazu in der Lage sind, die Mahlzeiten gemeinsam einnehmen. Wir verlassen die Abgeschiedenheit der Zimmer, zu der uns unser Zustand verdammt. Gibt es ein besseres Indiz für unseren Lebenswillen als die Tatsache, dass wir uns aus den Betten schälen, um uns, Seite an Seite, an die großen Esstische der Speisesäle zu setzen? Dann können sich acht Rollstuhlfahrer – oft unter großem Gelächter – über ihren Gemütszustand, ihre Ängste, ihre Hoffnungen und ihre Mutlosigkeit austauschen. Die geteilte Mahlzeit sorgt dafür, dass wir alle umgänglicher werden – sie »zähmt« uns.

Diese Form der Lebensgemeinschaft mit anderen, die man sich nicht ausgesucht hat und die trotzdem am selben Tisch sitzen und dasselbe Brot essen, finde ich frappierend. Vielleicht braucht man ja diese Menschen oder wird umgekehrt von ihnen gebraucht? Jedenfalls finden die Menschen an diesem Tisch, in dem täglichen Miteinander, das sie über einen längeren Zeitraum erleben, einen Sinn.

Die von Jean Vanier gegründete Organisation Arche ist ein Beispiel für diese andere Form des Miteinanders. In den Wohngruppen der Arche hat jeder pflegebedürftige Mensch einen eigenen Betreuer; alle wohnen im selben Haushalt aus einem Dutzend mehr oder weniger verletzlicher Menschen, in einem meist von guter Laune, Scherzen und Heiterkeit geprägten Miteinander. Natürlich gibt es auch Spannungen, Ärger und Leid, doch da kommt die Gemeinschaft zum Tragen und sorgt dafür, dass die Ursachen für die Spannungen beseitigt werden. Die Arche umfasst weltweit Hunderte Hausgemeinschaften für Menschen mit Downsyndrom und anderen Behinderungen, und es ist ein faszinierender Gedanke, dass sie quer durch alle Kulturen, unter völlig unterschiedlichen Bedingungen auf dem Miteinander gründen.

Die Gemeinschaften des Vereins Simon de Cyrène unter der Leitung von Laurent de Cherisey, die ich seit ihrer Entstehung im Jahr 2006 fördere, beruhen auf demselben Prinzip, doch deren Bewohner haben schwere Erkrankungen, Kommunikationsschwierigkeiten und damit einhergehend kognitive Beeinträchtigungen, oft infolge von Schädel-Hirn-Traumata. Erstaunlicherweise können diese uns häufig fremden Menschen wie ein »Katalysator« des Zusammenlebens sein. Junge Erwachsene verbringen ihr soziales Jahr oder noch mehr Zeit bei Simon de Cyrène und begleiten die Bewohner und einander bei der praktischen Ausübung des Respekts gegenüber dem anderen. Der Umgang mit derart verletzlichen Menschen und das Zusammenleben mit ihnen wirken Wunder und erklären vielleicht die Heiterkeit, die ein solches Miteinander so häufig prägt.

In der Gemeinschaft legen sich Unersättlichkeit und Hektik, und der Blick des anderen erneuert uns. Die Idee der Erneuerung des Ichs durch die anderen Gruppenmitglieder ist eine Etappe auf dem Weg zur Heilung einer Gesellschaft, die vom Terror des übertriebenen Individualismus beherrscht wird. Der wiederum führt zu einem Fanatismus, dem das anonyme Kollektiv gewiss nichts entgegenzusetzen hat. An diesem Punkt tritt die Gruppe als Vermittler zwischen den Einzelnen und die Gesellschaft und löst so Spannungen und unnötiges Leid.

Die unkonventionelle Kommunikation mit den traumageschädigten anderen und die Übung in Einfachheit, ja Askese, die sie von mir fordert, zwingen mich, mich zurückzunehmen und zu vergessen, dass ich bisher immer alles im Griff hatte. Diese Passivität ist nötig, damit man dem anderen zur Verfügung steht. Wertschätzung, Aufmerksamkeit und Ehrfurcht erlauben mir, die Botschaft, die der andere mir übermitteln möchte, in einen würdigen Weg für ihn zu verwandeln – dann sind wir verbunden. Das wiederum beruhigt mich, was meine eigene Verletzlichkeit, meine Zukunft und die zu erwartende Verschlechterung meines Gesundheitszustands betrifft. Diese Kreise von Ich und Du in der Gemeinschaft stellen eine wahre Lehrschule des Zusammenlebens dar.

Die Gemeinschaft ist die Antwort auf die Übel unserer Gesellschaft. In kleinen Gruppen fühlt man sich wohl, ihren Mitgliedern kann man vertrauen, selbst wenn man sich nicht in allen Punkten einig ist; die Gewohnheit, füreinander da zu sein und einander zuzuhören, führt dazu, dass man sich näherkommt. Selbstverständlich kann man nicht ausschließlich in solch einer Gemeinschaft leben – es sei denn, man fühlt sich dazu berufen –, doch diese Erfahrung zu machen verleiht Ruhe und innere Sicherheit, um anschließend andere Projekte in Angriff nehmen zu können. In der Gemeinschaft werden alle umgänglicher. Das Zusammenleben ist nicht immer einfach, nicht immer selbstverständlich. Doch der andere ist in derselben Ausgangslage wie Sie, er hat dieselben Bedenken, und Angst hat er außerdem, unter anderem vor Ihnen. Die gemeinsame Mahlzeit, das Miteinander, das offene Ohr heben schon einen Großteil der Spannungen auf. Man muss die Waffen strecken, um den anderen bzw. die anderen am

Tisch wahrzunehmen. Die Askese der Entwaffnung, diese Übung im Umgang mit dem anderen kann erst beginnen, wenn Sie etwas stiller geworden sind und sich von Ihren Vorurteilen verabschiedet haben – beides trägt in hohem Maß zum Wohlbefinden bei.

Die Kälte großer, anonymer Gruppen bestätigt unsere Furcht, lässt uns auf der Hut sein und zieht Täuschung und Extremismus nach sich, jedes unmenschliche Verhalten, jede Ausbeutung. In der Welt sehen wir uns mit Erniedrigungen konfrontiert, die aus der Unkenntnis der anderen resultieren, doch die Gemeinschaft zeigt uns, wie wir umgänglicher werden und aufeinander hören können. Stellen Sie sich ein Unternehmen vor, das, statt aus geschlossenen Zirkeln von Eingeweihten, aus Gruppen bestünde, in denen man den anderen nach und nach kennenlernt. Den anderen anzuerkennen, seine Eigenheiten, seine Individualität und seine Zugehörigkeit zu achten führt zu gegenseitigem Verständnis. Stellen Sie sich vor, man würde in einem Unternehmen nicht anonym, über unpersönliche Datennetzwerke kommunizieren, die einem oft genug die Verantwortung entziehen, sondern über Gruppen, also über Mittelsleute. Je nach seiner Funktion und Interaktion mit anderen Gruppen – den Kunden, den Lieferanten, den Behörden etc. – gehört dann jeder mehreren Gruppen an. So basiert das Unternehmen auf der Praxis von Gruppen Einzelner. Teamgeist, Solidarität, Vernunft, das Überwinden von Vorurteilen, die Bandbreite der Analysen – all das würde für einen ungeheuren Aufschwung sorgen.

Manche Menschen reagieren auf die Gewalt in der Gesellschaft und auf die zum Teil durch Manipulation herbeigeführte Unsicherheit, indem sie gleichsam Banden bilden. Ein solcher Zusammenschluss wendet sich gegen eine als bedrohlich empfundene Außenwelt, was die Spannungen freilich nur verstärkt. Man spricht dann von »Kommunitarismus«. In einer wirklichen Gemeinschaft aber muss es Vielfalt und eine Praxis der Entwaffnung geben.

Einfache, offenherzige und selbstverständlich vertrauensvolle Bindungen erzeugen Gemeinschaft. In einer Gemeinschaft, der Erweiterung der Zweiergruppe – die an die Stelle von König Individuum tritt –, schaffen das offene Ohr und die Aufmerksamkeit Raum für eine andere Art der Machtausübung als der des dominanten Ichs.

In unserer individualistischen Gesellschaft, wo der andere eine beunruhigende Wirkung ausübt, verfügt die Gemeinschaft über beträchtliches Potenzial. Die Einsamkeit in der westlichen Gesellschaft hat viel mit der Selbstgefälligkeit des Ichs zu tun, das die Eigenheiten und den Wert der anderen nicht achtet. Die Gemeinschaft ist der Ort, an dem ich lerne, dass die Menschen verschieden sind. Man lernt, dass es, jenseits des anderen, der einem vertraut ist, und des anderen, mit dem man befreundet ist, eine größere Einheit gibt.

Das Ich und Du der Gemeinschaft, der Gruppe, lebt vom offenen Ohr und vom Respekt; im vervielfachten Ich und Du, in der Vertrauensgemeinschaft, greift die Logik der geteilten Macht, der Teilhabe. In der Gruppe wird die Frage, wer die Entscheidungen trifft, geradezu nebensächlich. Alles findet seinen Urgrund und seine Lösung im offenen Ohr und in der

Entwaffnung. Um zu analysieren, zu entscheiden, zu gestalten, umzusetzen und zu leben, muss ein gewisser Zusammenhalt herbeigeführt werden, eine Beteiligung aller unter Beachtung der Möglichkeiten des Einzelnen, einschließlich der Unfähigsten.

In unserer Leistungsgesellschaft ist es jedoch schwer, Vertrauen zu fassen! Wie sollte es auch anders sein, wenn man sich von der Konkurrenz bedroht fühlt? Erst wenn man die Lehre der Gruppe durchlaufen hat, legen sich die Sorgen. Die Zersplitterung der Macht, ihre Undurchsichtigkeit und die Tatsache, dass niemand mehr weiß, wer die Entscheidungen trifft, schwächen den isolierten Einzelnen. Dabei ist es viel weniger riskant, Vertrauen zu schenken, als in der anonymen Gesellschaft zu verharren. Wie viel Angst steht da auf der einen Seite, und wie viel Bestätigung lässt sich dagegen in der Gruppe finden, in der Vertrauen entstehen kann, selbst wenn es manchmal verraten wird.

Zum Leben in der Gemeinschaft gehört auch der Umgang mit Verrat im kleinen Maßstab und mit der Tatsache, dass Ängste und Sorgen immer mal wieder hochkommen.

In der Gruppe ist nicht immer alles einfach, aber nichts ist so beklemmend wie der alleingelassene Einzelne in unserer Gesellschaft. Wenn die Betriebe, die politischen Parteien, die Gewerkschaften, die Stadtviertel wirklich Orte des Lebens wären, gäbe es einen viel größeren Zusammenhalt! Doch diese so eminent wichtigen Sphären des Zusammenlebens leiden heute darunter, dass die Menschen sich nicht mehr für sie interessieren und sich abwenden. Wenn man eine Folge des Ich und Du der Gemeinschaft, des Miteinanders in der Gruppe nennen sollte, wäre es Engagement.

Vor meinem Unfall hielt ich mich im Entscheidungsfindungsprozess für unentbehrlich. Vielleicht zeichnet sich eine erneuerte Gesellschaft gerade dadurch aus, dass die Entscheidung selbst eher nebensächlich ist? Aus der Fähigkeit zum Zusammensein ergeben sich Entscheidungen von allein. In Japan sitzt man tagelang an einem Tisch, ehe man etwas entscheidet. Dieser Klärungsvorgang führt – selbst wenn er, wie im Falle Japans, in einer streng hierarchischen Gesellschaft stattfindet – zu evidenten, einhelligen Lösungen. In den meisten Fällen erweist sich diese Methode als äußerst effizient.

Die fundamentale Kraft, die in unserer Verschiedenartigkeit liegt, vermeidet es, ein einziges Modell vorzuschreiben. Die Vielfalt der Ichs und Dus quer durch die Kulturen entspricht den Eigenheiten, spezifischen Besonderheiten und dem ungewöhnlichen Reichtum aller Gruppen. Es ist nicht mehr so, dass sich ein Modell, ein Einzelner oder ein System auf oft zerstörerische Weise durchsetzt. Die natürliche Fülle der Schöpfung und die gesellschaftliche Vielfalt sind Garanten für die Freiheit. Zwischen dem Individuum und dem anonymen Kollektiv kristallisiert sich in der Gruppe oder der Gemeinschaft unsere Realität heraus. Das Ich und Du ist vielfältig, aber vertraut. Die Fähigkeit, mit jedem Gruppenmitglied einen vertrauten Umgang zu pflegen, setzt der Größe der Gemeinschaft Grenzen.

An die Stelle des Terrors, den uns der Zwang zu Leistung, Normalität, Kreativität und Erneuerung um jeden Preis auferlegt, tritt das Ich und Du bzw. der generelle Respekt vor dem anderen. Anstatt Sicherheit im äußeren Schein und in der Normalität zu suchen, geben wir der echten Freude am

Zusammensein Raum, dem Gefühl, in der Gemeinschaft wir selbst sein zu können. Es bedarf einer Freude am Sein.

Die Praxis des anderen hat es mir schließlich ermöglicht, mich zu befreien. Das heißt aber nicht, dass ich mich distanziert habe, im Gegenteil, ich stelle mich zur Verfügung. Dieses »Vibrieren«, das entsteht, wenn alle sich auf diese Weise zur Verfügung stellen, bildet die Grundlage für den unglaublichen Reichtum der vielen, miteinander in Einklang stehenden anderen.

11 DER NÄCHSTE

Schließlich gibt es noch den letzten Kreis, er ist noch weiter als der Bekanntenkreis und umfasst den unbekannten anderen. Den »Nächsten«. Ich mag dieses Wortspiel: Der Nächste ist zum einen derjenige, der mir nahe ist, zum anderen aber auch derjenige, der gleich kommen wird. Wir wissen nicht, wer als Nächstes durch die Tür tritt. Er ist der Nächste. Wie wird sich die Beziehung zu dem gestalten, den ich nicht, noch nicht, kenne und nicht einmal erwarte? Bevor er in Erscheinung tritt, kann ich mich entschließen, ihm ungeschützt gegenüberzutreten. Ganz und gar bereit für die Begegnung.

Dieser Nächste kann mir ähnlich, aber auch völlig fremd sein.

In *Ziemlich beste Freunde* hat Omar Sy die Rolle von Abdel wunderbar verkörpert. Der echte Abdel war viel extremer als der im Film! Als ich ihn eingestellt habe, kam er regelrecht von einem anderen Planeten, und seine Anwesenheit an meiner Seite hat meine Umgebung teilweise schockiert. Ich, völlig unbeweglich, in Gesellschaft dieses aufgedrehten, zappeligen Typen, der im Übrigen eine ganze Weile gebraucht hat, bevor er zur Ruhe kam! Erst nach zehn Jahren konnte er die Maske ablegen und endlich er selbst sein! Aber heute ist er verheiratet und Vater von drei Kindern.

Der große Unterschied zwischen uns war sehr amüsant; was Abdel aber vor allem ausstrahlte, von der ersten Minute an, war seine Liebenswürdigkeit, seine große Aufmerksamkeit, seine Verfügbarkeit und seine Lebensklugheit. Er erfüllte die Einstellungskriterien: Seine Vergangenheit und der Unterschied zu mir waren nebensächlich. In Personalfragen bin ich sehr pragmatisch, bin es immer schon gewesen, auch früher in der freien Wirtschaft. Nie sah ich mir Lebensläufe vor dem Bewerbungsgespräch an, um die Qualifikation des Bewerbers unvoreingenommen beurteilen zu können.

Abdel war das ganze letzte Jahr vor Béatrice' Tod sehr schweigsam. Bei der Beerdigung sah ich ihn weinen – zum ersten und einzigen Mal. Ich verfiel in eine Depression; er verbrachte Monate in einem Sessel in der Ecke meines Zimmers und wartete, ob ich mich aus eigener Kraft aus meiner düsteren geistigen Verfassung befreien würde. Dann warf er mich ohne viel Federlesens erneut ins Leben. Indem ich so in die Welt der Lebenden und der »Verrückten« geworfen wurde, war ich gezwungen, mich wieder aufzurappeln, und nach und nach habe ich Gefallen daran gefunden. Abdels Grenzüberschreitungen waren so weit von allem entfernt, was ich bis dahin kannte, dass sie mich am Ende wachrüttelten. Dank Abdel, der sorgsam darauf achtete, meine Kinder so weit wie möglich einzubeziehen, kehrte ich ins Leben zurück. Die für mich damals so ungewöhnliche Beziehung zum anderen führte zu meiner Wiedergeburt, ließ mich staunen, brachte mich zum Lachen, und das alles überwog. Eine heilsame Schocktherapie.

12 KHADIJA, MEINE VERBÜNDETE

Nichts spricht dagegen, dass der Fremde zum Nächsten oder zum ganz Nahen, zum Vertrauten werden kann. Ich habe eine Fremde geheiratet. Unsere Begegnung war unerwartet, eine völlig entwaffnende Überraschung.

Abdel hatte beschlossen, mich über den Winter nach Marokko zu bringen, damit ich wieder zu Kräften komme. In Marrakesch drängte der Besitzer eines Riads darauf, mich zu empfangen, und nach der vierten oder fünften Einladung gab ich mich schließlich geschlagen. Die Runde dort war sehr sympathisch, aber ich langweilte mich dennoch zugegebenermaßen gerade etwas, als mir plötzlich unglaublich schlecht wurde. Eine heftige Attacke, der Anblick muss beeindruckend gewesen sein. Keiner meiner Tischgenossen fühlte sich in der Lage, mir zu helfen. Da kam diese Fremde zu mir, die das Haus des Besitzers verwaltete, und beugte sich über mich. Über eine Stunde blieb sie an meiner Seite, überlegte, wie sie mir helfen könnte, sprach mit mir, obwohl ich unfähig war zu antworten. Mit einer unendlich zarten Geste bot sie mir Feigenkonfitüre an. Eine Köstlichkeit! Während die anderen Gäste hinaus auf die Terrasse geflüchtet waren, richtete sie, die Fremde, mich wieder auf. Alles trennte uns: die Kultur, die Herkunft, die Religion, die Erziehung, das Milieu. Dennoch fand die Begegnung statt. Die Fremde ist zur Vertrauten geworden. Ich habe Khadija geheiratet.

Über zehn Jahre mit Khadija! Wie viele Vorurteile mussten wir zu Anfang unseres gemeinsamen Lebens entkräften. Ihrer Familie fiel es schwer, jemanden mit einer so schweren Behinderung und noch dazu aus einem fremden Kulturkreis aufzunehmen. Ich erinnere mich noch, wie sehr es meiner lieben Schwiegermutter, Lalla Fatima, widerstrebte, mich kennenzulernen. Dabei hatte sie ihre Tochter doch wohlweislich gewarnt, sich auf eine derart unwahrscheinliche Beziehung einzulassen! Im Lauf der Zeit lernten wir uns dann sehr schätzen, obwohl wir beide die Sprache des anderen nicht beherrschten.

Im August 2004 begleitete Khadija mich erstmals nach Paris. Sie war nicht nur vom Regen und der Kälte unangenehm überrascht, sondern auch von der mangelnden Herzlichkeit der Pariser und davon, wie wenig entgegenkommend meine Familie war. Allerdings bekehrte Khadija ihre Schwiegerfamilie sehr bald mit ihrem Charme, und anlässlich unserer Hochzeit im November feierten wir ein rauschendes Fest in unserem Pariser Stadthaus. Verwandte und Freunde, viele Musiker, die Mozart, Bach, Schubert und Chopin zum Besten gaben, sowie alle anderen Gäste trugen ihren Teil zur festlichen Stimmung bei. Mit ihrem strahlenden Lächeln eroberte Khadija, die Elegante und Schöne, sie alle. Obwohl er bereits von seiner Krankheit gezeichnet war, wechselte mein Vater die paar Brocken Arabisch mit ihr, die er bei seinen Aufenthalten in Nordafrika aufgeschnappt hatte. Später besuchten uns meine Eltern und meine älteren Kinder regelmäßig in Marokko.

Meine Schwiegerfamilie in Marrakesch entspricht ganz dem Bild der typischen, eng verbundenen nordafrikanischen Familie. Die Großfamilie ist eine Oase des Friedens und der Sicherheit, und Khadija belebte, wie sie es immer schon getan hatte, diesen Kreis. Meine Behinderung wurde mit großer Selbstverständlichkeit aufgenommen: Khadijas Schwestern unterstützten sie bei meiner Pflege, einer ihrer Cousins übernahm die Verantwortung für mich.

In der Öffentlichkeit ist die Haltung der Marokkaner gegenüber meiner schweren Behinderung von Liebenswürdigkeit und Unkompliziertheit geprägt. Passanten nehmen sich Zeit, mir zu helfen. Manchmal lasse ich mich im Schatten der Palmen auf dem Platz Djemaa el Fna nieder; dann kommen ein paar Leute vorbei, legen mir in aller Bescheidenheit ein paar Münzen auf die Decke in meinem Schoß und bitten Gott um meine Genesung. In Paris war ich öfter schwer auf den Bürgersteig gestürzt und konnte trotz meiner wiederholten Bitten niemanden dazu bewegen, mir zu helfen. Jedes Mal musste ich die Ankunft der Feuerwehr abwarten! Welch eine Erleichterung wäre es doch, wenn die westlichen Länder mit all ihren technischen Mitteln etwas vom orientalischen Wohlwollen übernehmen könnten!

Khadija kümmerte sich um ihre Nichte Sabah, seit diese drei Jahre alt war, und im Alter von fünf Jahren wurde sie auf ganz selbstverständliche Weise Teil meines Lebens. Gemeinsam unternahmen wir Ausflüge in den Souks von Marrakesch; dann klammerte sich Sabah hinten an meinen Rollstuhl und schnitt den Leuten, die uns ihrer Meinung nach allzu aufdringlich musterten, Grimassen. Unsere Jüngste, die heute sieben Jahre alte Wijdane, griff dieses Ritual auf und sauste mit mir durch unsere Stadt Essaouira an der Atlantikküste.

Khadija organisierte mit großer Freude klassische Konzerte, und zusammen besuchten wir die Ateliers etlicher marokkanischer Künstler, mit denen wir seither befreundet sind. Wie viele intensive Momente haben wir gemeinsam inspirierender Musik gelauscht! Wie viel Freude empfanden wir dabei, zusammen Plastiken zu betrachten und uns darüber auszutauschen, welche uns beiden gefielen!

Khadijas Blick auf Frankreich und unsere westliche Gesellschaft stellte viele meiner Überzeugungen in Frage. Sie nahm Anstoß daran, dass wir unsere Alten so herablassend behandeln, während in der traditionellen marokkanischen Gesellschaft die Älteren hoch geehrt werden. Die fehlenden Familienbande, die Tatsache, dass man Verwandten in Schwierigkeiten kaum unter die Arme greift, der Überfluss, aber auch die große Armut und die Einsamkeit in den Städten erschienen ihr völlig inakzeptabel. Die Arroganz der wohlhabenden Länder, ihr zur Schau gestellter, triumphierender Atheismus schockierten sie. Die Konfrontation ihres Blickes mit meinem bereicherte uns beide und brachte uns ein tieferes Verständnis der Welt. Genauso sollte die Globalisierung eine Gelegenheit sein, die Reichtümer anderer Gesellschaften zu entdecken, und nicht ein Schlachtfeld, auf dem eine einseitige Sichtweise aufoktroyiert wird.

Khadijas Umgang mit dem Trubel um *Ziemlich beste Freunde* war von gesundem Menschenverstand geprägt; sie konnte weder die Allmacht der Medien noch deren Arroganz verstehen. Im Islam gibt es gewisse Vorbehalte dagegen, sich abbilden und insofern auch von Journalisten ablichten zu lassen. Außerdem halten sich Ehefrauen traditionell im Hintergrund.

Über ein Jahr lang wurden wir in unserem Haus in Essaouira von Fernsehteams aus aller Welt belagert. Khadija passte sich schnell an dieses öffentliche Leben an und begegnete allen mit Vernunft und Würde. Manchmal brachten die Unverschämtheit und Grobheit einiger Journalisten sie dazu, einem Team den Zutritt zu unserem Haus zu verwehren – trotz der lauten Proteste, die diese ungewöhnliche Maßnahme auslöste.

Ohne Khadija hätte ich mich vermutlich von dem Wirbel und der ganzen Aufregung um den Film mitreißen lassen, obwohl das wirklich unangemessen gewesen wäre.

Mein Leben mit Khadija hat mir erlaubt, meine Kultur, die westliche Gesellschaft, auf den Prüfstand zu stellen. Unsere Schamlosigkeit und derben Sitten wurden mir bewusst, als ich merkte, wie die Jugendlichen in Marrakesch und anderen Städten durch unseren manchmal schlicht obszönen Tourismus auf die schiefe Bahn gerieten. Der Schaden, den die skandalösen, über Satellit oder das Internet in alle traditionellen marokkanischen Haushalte ausgestrahlten Programme anrichten, ist erheblich – Khadija macht sich Sorgen um die Zukunft unserer Kinder.

Die wechselseitige Bereicherung durch unsere unterschiedlichen kulturellen Hintergründe, die besondere Achtsamkeit, die wir beide in unseren zehn gemeinsamen Jahren aufbringen mussten, um den jeweils anderen wahrzunehmen, die Missverständnisse, die aus dem Weg geräumt, die Empfindlichkeiten, die geklärt, und die Wunden, die geheilt werden mussten – all das ist ein Quell der Bereicherung und des Jubels, den Khadija mit ihrem Blick und ihrem Lächeln so wunderbar ausdrückt. Verbundenheit.

13 VON EINER GENERATION ZUR NÄCHSTEN

Die Beziehung zu unseren Kindern ist besonders geprägt von Emotionen und Sorge, und so fällt es uns schwer, ihnen das nötige Vertrauen zu schenken. Doch wenn man ihnen in diesem derart aufgeladenen Kontext, trotz der Angst um ihre Sicherheit und ihre Zukunft, sagt: »Ich glaube an dich«, vermeidet man, dass sie sich abkapseln und den anderen als Gefahr ansehen.

Ich habe vier Kinder, die beiden Ältesten, Laetitia und Robert-Jean, und die beiden Jüngsten, Sabah und Wijdane. Durch mein Alter und die vom Rollstuhl verliehene Verfügbarkeit nehme ich mich selbst mehr zurück als früher und schenke den beiden Jüngeren viel Aufmerksamkeit. Wie gern würde ich die Zeit zurückdrehen und meinen älteren Kindern mit derselben Haltung gegenübertreten, denn sie passt sich dem Loslösungsprozess der Kinder besser an.

Unsere Situation war schwierig: Béatrice' Gesundheit war schon angegriffen, als Laetitia noch ganz klein war, ich war wegen der großen Verantwortung im Unternehmen und meiner Umtriebigkeit immer im Stress und betrachtete meine Kinder nur als eine Oase des Friedens, die Familie als einen Ort, wo ich emotional zur Ruhe kommen konnte.

Meine Tochter vergötterte ich, und sie liebte mich über alles. Doch Übermaß ist keine gute Grundlage für eine Beziehung. Nach dem Unfall ging es mit uns bergab. Sie war hilflos – für sie war diese reglose Hülle nicht mehr ihr Vater. Bis dahin hatte sie sich so geborgen gefühlt, dass sie meine neue Verletzlichkeit nicht ertragen konnte. Hinzu kam, dass sich der Gesundheitszustand ihrer Mutter in den Monaten nach meinem Unfall verschlechterte, und das verstärkte noch ihr Gefühl der Verlassenheit, des Verlusts fester Bezugspunkte. Unser Verhältnis, das auf keiner soliden Basis beruhte, hielt der Erschütterung nicht stand.

Mein Sohn dagegen bewunderte mich, sah mich als Vorbild an. Trotz meiner Behinderung war sein Glaube an mich ungebrochen: Wenn man ihn fragte, was er in Zukunft werden wolle, erwiderte er stets, er wolle dasselbe machen, was ich früher gemacht hätte. Es war ganz erstaunlich zu sehen, wie dieses neunjährige Kind mich genauso aufrichtete wie Abdel. »Ich kümmere mich um dich«, sagte er. Es war beeindruckend, kindlich und symbiotisch, aber reden konnten wir nicht miteinander. Es gab keinen echten Austausch. Erst viel später fanden wir die Worte, um miteinander zu sprechen, uns zu verstehen, uns zuzuhören. Du, mein Sohn, du, meine Tochter … Eine so sensible, so schwer aufzubauende, privilegierte Beziehung!

Bei meinen beiden jüngeren Töchtern ist alles anders: In erster Linie, und das sage ich ohne jede Ironie, stehe ich durch die Behinderung immer zur Verfügung. Ich habe meine persönliche Kulturrevolution hinter mir: Ich schenke den anderen so viel Aufmerksamkeit wie möglich und erst recht meinen beiden Töchtern. Ich versuche, ihnen mit Worten nahe zu sein. Es macht mir Spaß, ihnen Verschiedenes zu vermitteln – den Sinn für Verantwortung, meine Sichtweise der anderen, die unbedingte Notwendigkeit von Toleranz. Mit Moral hat das nichts zu tun, es ist einfach unsere Verantwortung als Eltern, ihnen das nötige Handwerkszeug zu geben, damit sie ihrem Leben einen Sinn verleihen können: »Hör mir zu, mach damit, was du willst, aber denk nach!«

Ich war ein miserabler Vater. In dem Moment selbst macht man sich nicht klar, welchen Schaden man durch eine fehlende Beziehung und mangelnde Vermittlung anrichtet. Ich habe das Gefühl, meinen älteren Kindern nicht ausreichend geholfen zu haben, ihren Platz in der Welt zu finden.

Kinder sind nicht dazu da, die Extreme in unserem Leben auszugleichen. In ihrem Beisein müssen wir lernen, uns zurückzunehmen, damit sie sich möglichst frei entfalten können. Wenn Eltern ihre Kinder als Zufluchtsort in einer angstauslösenden Gesellschaft betrachten, wiederholen diese später, im Erwachsenenalter, unweigerlich die Fehler in unserer Beziehung.

Das Ich und Du von Vater und Kind ist außerordentlich wichtig. Ist man aber zu sehr mit sich selbst beschäftigt, dann ist unglücklicherweise nicht genügend Raum für die Begegnung mit dem Kind da.

Heute bin ich in der Lage, Eltern Ratschläge zu geben. Man braucht kein großer Pädagoge zu sein, kein Schönredner, sondern man muss schlicht die richtige Haltung finden, seine Zuneigung ausdrücken und miteinander ins Gespräch kommen. Die Annahme, das einzige Bedürfnis des Kindes läge auf der Gefühlsebene, ist irrig. Es genügt nicht, den anderen zu lieben, seine Kinder zu lieben, wie ich meine älteren

Kinder geliebt habe, also leidenschaftlich. Man muss in den Hintergrund treten; es liegt in unserer Verantwortung, dem anderen im Werden Raum zu geben.

Wenn jemand sein Kind wirklich liebt, stellt er seine Selbstverwirklichung hintan und nimmt Rücksicht auf das Kind. Wie kann man ihm helfen, sich zu entwickeln und seinem Leben einen Sinn zu verleihen? In unserer Gesellschaft ist der Egoismus bis in den Kern der Familie gedrungen: Die Eltern werden von ihm beherrscht, und die Kinder tragen den Schaden davon. Das war bei mir der Fall – wie viele Dummheiten ich aus persönlicher, individueller Gier begangen habe, wie viele Gelegenheiten verpasst! Jetzt versuche ich, das Versäumte nachzuholen, aber so viele Jahre sind verloren!

Die Generation meiner Eltern zeichnete sich in der Kommunikation mit ihren Kindern durch Zurückhaltung aus. Ihre Worte waren weniger ermutigend als erzieherisch gemeint. Zu Hause waren wir drei Jungen, alle im selben Jahr geboren: mein älterer Bruder, bald gefolgt von meinem Zwillingsbruder und mir! Natürlich war meine Mutter völlig erschöpft und konnte uns Quälgeister nur schwer ertragen. Mein Vater war immer auf Geschäftsreisen und deshalb nur selten da. Seiner Meinung nach tat er uns einen Gefallen, indem er uns auf den Wettbewerb in der Gesellschaft vorbereitete. Dieser gläubige und außerordentlich gütige Mann wollte sich aus Zurückhaltung nicht in der Beziehung zu mir, zu uns einbringen. Er glaubte, das gute Beispiel genüge. Wir hatten alles, was wir brauchten, uns fehlte es an nichts. Außer ein paar Worten: »Ich glaube an dich.« Für ihr Wachstum brauchen Kinder Worte des Vertrauens.

Für meinen Vater war alles entweder »gut« oder »nicht gut«. Welch eine Zurückhaltung! Eine der großen Verantwortlichkeiten in der Eltern-Kind-Beziehung besteht im angemessenen Umgang mit Worten: Lassen Sie sich auch von Ihren Kindern etwas sagen! Mit Worten spielt man nicht, und den eigenen Kindern macht man schon gar nichts vor. Lernen, wahrhaftig zu sein – das ist der größte Dienst, den wir ihnen erweisen können.

Wenn die Diskussion ehrlich geführt wird, verstellen sich die Kinder nicht. Man redet offen, und die Kinder riskieren es, uns ein mitunter wenig schmeichelhaftes Bild zurückzuspiegeln. Lange bin ich dieser Wahrheit aus dem Kindermund aus dem Weg gegangen: Meine Wahrheit beruhte auf meiner Meinung als Experte, als Sieger, als Wirtschaftsanalytiker, als rationaler Mensch.

Wir glauben immer, dass die Welt mit unserer Generation zu Ende geht. Dabei besteht unsere Aufgabe als Eltern darin, die nächste Generation ins Leben zu begleiten. Die Zeit vergeht, schon sind wir nicht mehr da, und unsere Kinder sind die Herren über die Zeit, die Zukunft.

14 DER GEDEMÜTIGTE

Ich habe einen anderen kennengelernt, der äußerlich betrachtet sehr weit von uns entfernt war: Cyrille hatte ein Polytrauma erlitten, dessen Folgeschäden ein Schädel-Hirn-Trauma und – wie bei Jean-Dominique Bauby in *Schmetterling und Taucherglocke** – das Locked-in-Syndrom waren. Seit seinem Unfall siebzehn Jahre zuvor lag er im Rollstuhl, konnte weder sprechen noch sich bewegen. Nur ein Handgelenk hob sich, nach einer langen, völlig unvorstellbaren Reihe von Befehlen. Eine mehrjährige stationäre Reha hatte große Fortschritte gebracht, dennoch blieb er nicht länger als ein Jahr zu Hause. Anschließend kam er erst in die Langzeitpflege und wurde dann, immer mit der Unterstützung seiner Frau, seiner drei Töchter, ihrer Familien und ihres großen Freundeskreises, dauerhaft in einer Einrichtung für Wachkomapatienten untergebracht.

Zu meiner großen Freude durfte ich im Kreis seiner Familie eine Mahlzeit mit ihm teilen. Die meisten Menschen meinten, dieser Schwerbehinderte könne sich nicht mit uns austauschen. Er sprach nicht, schien ganz woanders zu sein, doch mit etwas Aufmerksamkeit war seine ganze Präsenz spürbar. Drei Jahre lang schrieb Cyrille mit Unterstützung

* Jean-Dominique Bauby, *Schmetterling und Taucherglocke*, Wien 1997.

eines Mannes, der einmal in der Woche zu ihm kam, an einem Buch. Nachdem er seinen Text die Woche über im Kopf vorbereitet hatte, scrollte sich sein »Schreiber« durch das Alphabet, und Cyrille hielt den Cursor mit einer Bewegung des Handgelenks beim gewünschten Buchstaben an; so diktierte er den Text, einen Buchstaben nach dem anderen. Jede Woche kamen etwa dreißig Zeilen zustande.

Als wir uns sahen, las mir Cyrilles Frau in seiner Anwesenheit Auszüge aus dem bald erscheinenden Buch vor. Cyrille strahlte eine große Freude und Glückseligkeit aus. Seine absolut umwerfenden Texte waren voll Licht, Intensität, Präsenz und Atem. Obwohl dieser Mann das Schweigen selbst war und seit siebzehn Jahren völlig abgekapselt lebte, sprach er zu uns von Lebensfreude, aber auch von Leid. Er drückte sich zwar nur in Andeutungen aus, aber er war trotzdem einer von uns. Nachdem der Kontakt möglich geworden war, erwies sich dieser derart entfernte andere als so nah! Die Anstrengung, die er unternommen hatte, um seine extrem eingeschränkte Kommunikationsfähigkeit wettzumachen, ermöglicht es uns, seinen Weg zu Wahrheit und Würde nachzuvollziehen. Wie sich herausstellte, stand er sehr viel mehr im Leben als die meisten unter uns! Sein Buch beginnt mit dem ersten Satz, den er nach achtjährigem Schweigen diktierte: »Mein Name ist Cyrille, ich lebe und möchte am Leben sein.«

Hätte man keinen Weg gefunden, mit Cyrille zu kommunizieren, wäre möglicherweise beschlossen worden, dass sein Leben nicht lebenswert sei, und man hätte diesem ein Ende gesetzt. Welch ein Lehrstück!

Es ist ein Drama, dass wir die Gedemütigten zum Rückzug aus der Gesellschaft verdammen. Dabei sind sie bereit für die Begegnung, mehr als viele andere. Ist Ihnen klar, wie verfügbar all diese Gedemütigten sind? Ich treffe sie in den Krankenhäusern und bei Vorträgen. Mich selbst betrachte ich nicht als einen der ihren: Körperlich und neurologisch bin ich zwar schwer betroffen, aber ich habe so viel Unterstützung, bin so privilegiert! Sicherlich kam ich ihrem Zustand nach Béatrice' Tod nahe, als ich von Kummer überwältigt war. Gedemütigte sind – zusätzlich zu ihren Schwierigkeiten, ihrer Behinderung und ihrer Verletzlichkeit – in der Verzweiflung gefangen. Wir sind dafür verantwortlich, sie wieder einzugliedern, sie an- und aufzunehmen. Wenn wir diese Verantwortung anerkennen, können wir einen Reichtum, ein Verständnis und eine Lebensklugheit jenseits der vorfabrizierten Lösungen des genormten Denkens unserer Gesellschaft wahrnehmen!

Mich belastet diese weitverbreitete pauschale Demütigung. Manche dieser Menschen wenden sich in ihrer Verzweiflung an mich. Dabei kann ich ihnen keine andere Antwort geben als die, nicht aufzuhören, sich für den anderen zu interessieren: »Sehen Sie sich um, es gibt noch andere gedemütigte Menschen in Not. Wenn wir uns selbst mit unserer Verletzlichkeit annehmen, bauen wir echte Beziehungen auf!« Ich glaube an die Gemeinschaft der Bedürftigen. Zwei Gedemütigte können sich finden und sich gegenseitig voll Vertrauen unterstützen. Diejenigen, die im Rollstuhl sitzen – versehrt, lädiert, in jämmerlichem Zustand, ohne Beschäftigung –, lieben sich nicht: Sie brauchen eine Menge Vertrauen, um sich wieder aufzurappeln und sich gegen das Bild, das die Gesellschaft von ihnen hat, zu wehren. Doch ein anderer Lädierter und Gedemütigter kann auf sie zugehen und ihnen helfen, nicht klein beizugeben!

Der Gedemütigte kann nicht allein bleiben. Aber der andere, der ihm helfen wird, steht schon bereit. Es kann der Erste sein, der durch die Tür tritt. Vielleicht ist es ja der, dessen Weg man kreuzt, auf den man aber nie wirklich zugegangen ist. Ein bisher ignorierter, unbekannter Nahestehender.

Ich sage es ungern, aber manche Gedemütigte suhlen sich in ihrer Verzweiflung und gehen davon aus, dass ihnen niemand wirklich nahekommen kann. Ich weiß, wie viel Distanz und Hemmungen das Leid bei denen auslösen kann, die sich ihnen nähern. Irgendwann muss der Gedemütigte sich öffnen, andere für sich einnehmen, den Schritt nach vorn wagen. Unsere Verletzlichkeit, meine Behinderung, das Alter sind nicht von vornherein anziehend! Ich glaube fest an die Gemeinschaft der Verletzlichen, der Lädierten aller Art, von Typen wie mir, hinfällig, aber trotzdem in jedem Augenblick frei und froh zu leben. Trotz oder gerade wegen ihrer Einschränkungen sind sie, sind wir, frei vom Joch des Wettbewerbs.

Wenn man sich nicht in Acht nimmt, kann selbst unter Freunden eine Art buchhalterisches Denken um sich greifen, das in Rivalität und Berechnung ausartet und die Beziehung instabil und unsicher macht. Man fühlt sich vom anderen angegriffen und versucht, die eigene Position zu verteidigen. Diese Verteidigung kann aber dazu führen, dass man dem anderen gegenüber nur noch auf dem eigenen Standpunkt beharrt und so dessen Freiraum einschränkt. Diese Entfremdung ist real. Wir leben nicht in einer Phantasiewelt: Die institutionalisierte Aggression bringt Erniedrigung im sozialen oder beruflichen Umfeld mit sich. Um den Ton anzugeben und im Vergleich zu anderen zu bestehen, verschafft man sich Raum, auf die Gefahr hin, den anderen zu demütigen. So wird die ganze Gesellschaft zu einer Welt der Gedemütigten – gedemütigt, weil ausgeschlossen; und wie viele von uns empfinden sich als armselig, nicht der Norm entsprechend, verletzlich und nutzlos? Mitten in der Gesellschaft, aber dennoch ausgeschlossen – im Produktions- und Wirtschaftssystem kommt die Demütigung oft vor. Unter Druck, verführt von verlogener Werbung oder aus Angst, ausgeschlossen zu werden, geben viele ihre eigene Meinung und ihre Freiheit preis, und das alles nur, um in einer Welt zu überleben, die sie nicht respektiert. Die Entfremdungsgesellschaft erzeugt ein ungeheures Gefühl von Vernachlässigung, von Frustration und Misshandlung, und sie bringt Verlierer hervor, die nach Revanche dürsten. Damit greift die an Besitz, Leistung und Normalität orientierte Gesellschaft das Du und Ich an. Ebenhier findet sich die Ursache vieler Konflikte zwischen den Völkern. Abgesehen von vitalen Interessen ist es die im Lauf der Geschichte erlittene Erniedrigung, die Konfliktpotenzial schafft.

Das Volk der Gedemütigten ist riesig. Erst recht, weil die gesellschaftliche Norm das Individuum zunehmend beherrscht und ganze Teile der Bevölkerung ausgrenzt. Diese gedemütigte Mehrheit kommt mir heute viel zahlreicher vor als früher, was aber vielleicht daran liegt, dass ich mit all diesen verletzlichen und ausgeschlossenen Menschen zusammenlebe.

Oft ist die Verletzlichkeit eine Folge von Ausgrenzung, manchmal ist aber auch das Umgekehrte der Fall, und die Ausgrenzung resultiert aus einer Verletzlichkeit, die keine Hilfe und Unterstützung erfährt. Doch wie stemmt man sich gegen diese so weitverbreitete Demütigung? Jeder von uns kann dazu beitragen. Auf den Gedemütigten zuzugehen ist nicht schwer und letztlich jedem von uns möglich. Auf den anderen zuzugehen heißt, ihm Trost zu spenden und ihn wissen zu lassen: »Du bist kein Gedemütigter, und falls doch, so gilt das für uns beide! Selbst wenn das System dich erniedrigt, bist und bleibst du ein Mensch wie alle anderen auch.« Ganz egal, wie versehrt wir aufgrund der Behinderung sind und wie extrem wir uns unterscheiden, wir teilen trotzdem unsere Menschlichkeit.

Man muss der Überzeugung sein, dass jeder Gedemütigte eine Würde hat, sei es, weil man ihn als Abbild von Gottes Sohn betrachtet, wie manche das tun, oder einfach, weil er ein Mitglied der menschlichen Gemeinschaft ist. Diese ontologische, also monolithische Würde geht auf Immanuel Kant zurück: »Du bist unantastbar!« Egal, wie sehr die Gesellschaft den anderen erniedrigt, abweist, an den Rand drängt – seine unantastbare Würde kann man ihm nicht nehmen. Heutzutage werden Menschen allzu leichtfertig als Wegwerfware betrachtet. Der andere ist nützlich, also wird er benutzt und anschließend weggeworfen. Diese Haltung hat dramatische Folgen. Eine gewisse Verachtung gegenüber dem anderen schleicht sich in unsere Beziehungen, als wäre Leistungsfähigkeit das einzige Kriterium für Achtung. Wer keine Leistung bringt, gehört zum Abschaum und wird zermalmt.

Die jüngsten Versuche, Gesetze über das Lebensende zu erlassen, sind Teil dieser Erniedrigung. Wenn du nicht ganz achtenswert bist, weil du nicht besonders ansehnlich bist, nicht besonders leistungsfähig und nicht selbständig genug, weil du verzweifelt bist oder leidest, dann »zieht man dir den Stecker«, um deine Würde zu »wahren«. Wie unmenschlich, sich eine solche Macht zuzugestehen! Es kommt einer Verurteilung gleich: »Du hast keine Würde mehr, denn du weichst zu sehr von der Norm ab.« Sich die Macht anzumaßen, über den anderen zu richten, ist eine Schande!

Ich erinnere mich an einen Besuch vor vielen Jahren auf einer Hühnerfarm in der Champagne-Ardenne. Am Ende der Produktionslinie stand ein Asiate, der über eine ganz besondere Kompetenz verfügte: Viel exakter als jede Maschine erkannte er die Größe der Eier und ihre Übereinstimmung mit der festgelegten Norm für den Verkauf. Auch in unserer Gesellschaft könnte man sich eine Art Auge vorstellen, das über unsere definitive Ausgrenzung oder Teilhabe bestimmt …

Die 80-20-Regel gilt als Formel der Normalität. Ob es nun um die Entwicklung eines Prozesses geht oder um eine Datenanalyse, überall behält man die als repräsentativ erachteten 80 Prozent bei, während die jeweils 10 Prozent am einen und am anderen Ende der Skala, die der Norm nicht ganz entsprechen, als Ausschuss gelten. In unserer normativen Gesellschaft ist die Versuchung groß, am Anfang und am Ende des Lebens all das zu entfernen, was »die Norm nicht erfüllt«. Man würde die 80 Prozent, die gesund sind, als Durchschnitt betrachten und die anderen, die weniger vorzeigbar sind, eliminieren. Doch die 80 Prozent, die sich auf diese Weise beruhigen wollten, würden sich damit ins eigene Fleisch schneiden. Eines Tages finden sie sich nämlich selbst am Ende der Skala wieder, weil sie alt oder krank werden, oder jemand, der ihnen nahesteht, entspricht plötzlich nicht mehr der Norm.

In Aldous Huxleys *Schöne neue Welt* wird man bei der ersten Falte ins Jenseits verfrachtet. Alles, was nicht mehr vorzeigbar ist, lässt man in der Versenkung verschwinden. Genau das haben die Nazis getan, als sie beschlossen, 250 000 Menschen mit körperlicher und geistiger Behinderung zu eliminieren – und mit ihnen die Homosexuellen, die Obdachlosen, ganz zu schweigen von den Juden, den Sinti und Roma. Sie wurden vergast, zusammen mit allen anderen, die nichts für das System leisteten. Zur selben Zeit ließ das Vichy-Regime 50 000 Menschen mit geistiger Behinderung in ihren Einrichtungen verhungern. Man fängt mit 50 000 Individuen »außerhalb der Norm« an … Was hindert uns daran, auch andere zu eliminieren, unter dem Vorwand, unsere Gesellschaft zu entlasten, zu beruhigen, in Wirklichkeit aber nur, um sie zu betäuben?

Gerade der extrem andere Mensch mit seinen Abweichungen von der Norm und seinen Makeln erlaubt es der Gesellschaft und jedem von uns, sich mit der eigenen Verletzlichkeit zu versöhnen. Wenn wir diesen erschöpften anderen respektieren, ihn begleiten, uns seiner annehmen, statt ihn zu ignorieren oder gar zu eliminieren, bloß weil er anders und damit beunruhigend ist, verringern wir das Ausmaß der Angst in der Gesellschaft. Wer vorhat, auszusortieren, schürt dumpfe

Befürchtungen. Denn das bedeutet, dass jeder nur eine Gnadenfrist bekommt. Eines Tages sind alle »Normalen« alt und nicht mehr vorzeigbar, und dann werden auch sie daran glauben müssen. Wie entsetzlich, das Verfallsdatum auf sich zukommen zu sehen, es vorauszuahnen! Und ich, der ich heute noch gesund bin, soll unter diesem Druck unterschreiben, man möge mich eliminieren, wenn ich nicht mehr zu den »Normalen« gehöre? Soll ich Ihnen, wie 92 Prozent der Franzosen es wünschen, erlauben, mich zu beseitigen, wenn ich unwürdig und nicht mehr vorzeigbar bin? Was für eine Grausamkeit, was für eine Gesellschaft! Und was für eine Bürde: Wenn wir den nicht vorzeigbaren anderen beseitigen, hindern wir uns selbst daran zu leben.

Den verletzlichen anderen zu integrieren heißt, den eigenen Anteil an Verletzlichkeit und Abweichung von der Norm zu integrieren. Mit Hilfe des sehr verletzlichen anderen können wir uns angewöhnen, der Realität ins Auge zu sehen. Lassen Sie uns das Leben des so verletzlichen Menschen bewahren, um uns durch ihn mit uns selbst zu versöhnen. Wenn wir unsere Anteile an Verletzlichkeit einbeziehen, ändert sich unser Blick auf die Welt. In dieser Zärtlichkeit und dieser Achtsamkeit für die Würde des anderen finden wir einen Weg, um die Gesellschaft zu heilen.

Wer vorschlägt – oder auch nur damit einverstanden ist –, den extrem anderen Menschen zu eliminieren, löscht die Gesellschaft aus. Wenn wir hingegen in dieser genormten Gesellschaft – deren tiefe Krise die Angst, außerhalb der Norm zu stehen, nur unterstreicht – den extrem anderen Menschen integrieren, wird das die Beziehungen beruhigen und den Stresspegel senken. Den extrem anderen Menschen zu achten, ihn in unsere Wirklichkeit zu integrieren und seine Anomalie zu akzeptieren ist ein Weg der Heilung für alle. Die Sterbehilfe oder der assistierte Suizid – sowie alle anderen »gut gemeinten« Vorschläge, um das Leid zu eliminieren – bringen die Gesellschaft nicht weiter.

15 SCHWIERIGE BEGEGNUNG

Ich vertraue nicht jedem, sondern »erkenne« den anderen, erahne ihn, schätze ihn ein, wie wir alle es tun. Wir alle haben diesen »sechsten Sinn«, der zu Vertrauen führen kann. Ich vertraue meinem Chirurgen, bringe bei Auftritten dem Publikum Vertrauen entgegen. Viele haben diese positive Grundeinstellung, diesen natürlichen Optimismus verloren. Wir, die Menschen mit schweren Behinderungen, sind da pragmatischer: Uns bleibt nichts anderes übrig, als dem anderen Vertrauen zu schenken. Natürlich flößen wir ihm manchmal Angst ein oder verunsichern ihn, doch weil wir keine Bedrohung darstellen, legt auch er im Angesicht der Behinderung die Waffen nieder.

Ich schwinge mich rasch auf ein Publikum von Gesunden ein, auch wenn ich vom Unterschied berichte. Ich kann mich nicht erinnern, je auf eine empörte Reaktion gestoßen zu sein. Weil man Rollstuhlfahrern gegenüber wohlgesinnt ist? Ich glaube eher, dass eine Verbindung geknüpft wird, wenn man entwaffnet auftritt und der Stille Platz einräumt – der inneren Stille natürlich, denn in der Öffentlichkeit bin ich am Mikrofon, und ich diskutiere. Der andere, der sich mit seinen Sorgen und Überlegungen an mich wendet, kann sich von meiner Andersartigkeit berühren lassen und sich in eine stille Verfügbarkeit begeben.

Dennoch darf die Beziehung zwischen Dir und Mir nicht idealisiert werden, beide müssen sich an gewisse Regeln halten. Zum Beispiel darf keine Symbiose entstehen: Zu glauben, dass Ich und Du miteinander verschmelzen, heißt, den Dämon der Allmacht zu wecken. Was für ein Irrtum zu glauben, die Beziehung von Ich und Du wäre durch eine geheime Alchemie unantastbar, ja unangreifbar! Dabei finden wir die Grenze zwischen Mir und Dir gerade durch den Respekt vor dem Unterschied.

Manchmal kommt es gar nicht erst zu einer Begegnung, weil der eine den anderen, oft unbewusst, völlig vereinnahmen will. Ich zum Beispiel kann zurückhaltend reagieren, wenn ich mich aus irgendeinem Grund unwohl fühle oder müde bin, mich dafür aber dennoch nicht bei meinem Gesprächspartner entschuldigen möchte – das kann als unhöflich ausgelegt werden. Beim Ich und Du gilt es, die richtige Distanz auszuloten. Ausgewogenheit, Mäßigung und Achtsamkeit für den anderen können die Begegnung retten. Das gelingt nicht immer: Auch Niederlagen und verpasste Gelegenheiten kommen vor. Oder zu instabile, unausgeglichene Beziehungen. Dieses Risiko besteht nun einmal, und es ist zugleich ein Aufruf zu mehr Wachsamkeit.

Ich und Du, wir sind nicht immer im Einklang, und das fordert uns zu mehr Offenheit, Verständnis, Aufmerksamkeit, Rücksichtnahme und Loslassen auf. Das Ich und Du muss justiert werden. Man findet das Rezept für diese geheimnisvolle Alchemie nicht auf Anhieb, sondern muss im Lauf der Zeit Anpassungen vornehmen und in erster Linie das Schweigen des anderen respektieren.

Eine Beziehung läuft nicht immer reibungslos. Da gibt es

Verrat und Enttäuschungen. Manche Liebesbeziehungen scheitern sogar kläglich: Für das Ich und Du gibt es kein Patentrezept. Machen wir uns nichts vor: Das Ziel ist es sicher nicht, zu einem undefinierbaren »wir zwei« zu werden. Du, Ich – in dieser Zelle, die das Wir bildet, bleibt jeder von uns er selbst. Es ist ein privilegierter Raum für zwei oder mehr Personen.

Die Beziehung zwischen Dir und Mir steht dem Respekt vor dem Rätsel des Einzelnen nicht im Weg. Zum Glück! Ein Teil meiner selbst gehört mir allein und bleibt rätselhaft – er ist geschützt vor dem Zugriff des anderen und manchmal sogar für mich selbst unzugänglich. Das Geheimnis meiner Person. Mich schreckt der gesellschaftliche Druck, alles zu bereinigen, zu klären, zu analysieren und auf die Couch zu legen. Totale Transparenz richtet jede Möglichkeit der Begegnung und des Austauschs, der Entdeckung zugrunde. Die Schöpfung selbst birgt noch viele Rätsel, und so sollten wir auch das menschliche Rätsel, das die Schönheit unseres Daseins ausmacht, hüten. Dann kann der andere uns immer aufs Neue überraschen, er kann immer anders sein. Das Unbekannte ist die Grundlage, der Brennstoff des Gespanns und unserer Begegnung. Sie dient nicht dazu, das Rätsel zu lüften, sondern bei ihr geht es im Gegenteil darum, auszukosten, was der andere mir mit seinem Unterschied gibt – ein erweitertes Verständnis, unendliche Vielfalt, eine große Bereicherung.

Das Ich und Du beruht auf Vertrauen. Und das heißt, ein Risiko einzugehen. Man schenkt Vertrauen, bis … Niederlagen und Vertrauensbrüche kann es und wird es geben. Werfen Sie die Beziehung nicht bei der ersten Krise hin, sondern nehmen Sie sich Zeit, den Bruch zu erkennen, sich auszutauschen und zu versöhnen. Umso mehr, als die Annäherung im Vertrauen und die Enttäuschung beiderseitig sind. Vertrauen geht mit viel Vorbereitung und Nachbesserung einher, es ist weder für immer gewonnen noch gefahrlos – Vertrauen ist harte Arbeit.

Solche Zwischenfälle sind Teil unserer Verletzlichkeit, hängen aber auch mit unserer Nachlässigkeit zusammen: Ich nehme mir nicht genügend Zeit, der andere entzieht sich dieser oder jener Begegnung. Ein solches Versäumnis ruft bei dem, der Erwartungen hat, ein schreckliches Gefühl der Verlassenheit hervor. Wenn die Anwesenheit eines Menschen wertvoll ist, bringt seine Abwesenheit unvermeidlich eine Leere mit sich, einen Mangel. Derart hohe Ansprüche werden also an Beziehungen gestellt, trotzdem kann man sich nicht in alle gleichermaßen einbringen. Ich betone zwar immer wieder, wie wichtig die Begegnung ist, aber es ist illusorisch, sich alles davon zu versprechen. Ganz egal, was uns die sozialen Netzwerke vorgaukeln, man kann nicht Hunderte von Freunden haben. Treffen Sie eine Wahl, knüpfen Sie echte Beziehungen, nehmen Sie sich Zeit für sie und lassen Sie sie nicht verwässern. Das Ich und Du kann man nicht unendlich vervielfältigen.

16 SCHMERZLICHE EINSAMKEIT

Der andere ist kein Allheilmittel. Gleichwohl hat die Einsamkeit etwas Erschreckendes. Für mich war die Auseinandersetzung mit der Einsamkeit die größte Herausforderung. Vor meinem Unfall war ich zwar allein, aber unentwegt so beschäftigt, dass ich nicht darunter litt. Mein pausenloses Herumwuseln unterdrückte das Schmerzempfinden. Wer meint, »an der Spitze zu stehen«, wiegt sich im Glauben, Einsamkeit sei der Preis für seinen Erfolg: einsam und beneidet, einsam und bewundert. Was für ein Schock, wenn es damit vorbei ist! Weg ist die Geschwindigkeit, die mich aufrecht hält. Ich stolpere, gerate ins Schwanken, schon liege ich am Boden. Jetzt bin ich wirklich einsam.

Nach dem Unfall musste ich mich mit dem Schmerz auseinandersetzen und lernen, mit einem zerschmetterten Körper zu leben. Ich litt unter dem Mangel an Betriebsamkeit und unter dem Rückzug. Da starb Béatrice: Die Abwesenheit der geliebten, innig vertrauten anderen warf mich zu Boden. Die abgrundtiefe Einsamkeit und die Abwesenheit waren unerträglich.

Zuvor war ich oft depressiven Menschen begegnet, ohne zu begreifen, was sie durchmachen. Als ich diesen Abgrund selbst kennenlernte, wurde mir klar, in welche Isolation einen die Depression stürzt: Der andere wird zum Fremden. Depressive Menschen leben in einer Ödnis, einer Schwärze, einem Unverständnis, einer Traurigkeit und einem Unglück, sie sind ganz davon vereinnahmt, wollen nichts von den anderen wissen. Ihr Schrei ist eine weitere Ablehnung: »Lasst mich in Ruhe, mir geht es nicht gut, ich will allein sein!« Bevor ich diesen Zustand am eigenen Leib erlebte, lag ich depressiven Menschen mit meiner Naivität und meinem Glauben an die Kraft des Willens in den Ohren: »Lass dich nicht hängen, tu was, los, reiß dich zusammen!«

Ich bekomme viele Zuschriften und bin ganz erschüttert, wie viele Menschen kein Gegenüber haben. Was für eine Einsamkeit heutzutage! Wie viele warten auf den anderen, auf die freundschaftliche Begegnung, die Liebesbeziehung. Mir, der ich durch die Anwesenheit geliebter Menschen, in erster Linie meiner Frau und meiner Kinder, so verwöhnt bin, fällt es schwer hinzunehmen, dass es auf dieser Welt so viele einsame Menschen geben soll. Die Abwesenheit des anderen ist die Krankheit der Stadt, des Lärms, der Hektik und des modernen Lebens. Die Stadt versteckt den anderen und verhindert die Begegnung in einem weit größeren Maß, als wir gemeinhin annehmen. Das Angebot dort ist so groß, es gibt so viel zu tun, dass wir vergessen, uns Zeit für den anderen zu nehmen. Doch für die ausgeschlossenen, an den Rand gedrängten, diskreditierten Menschen ist es sehr schwer, den ersten Schritt auf den anderen zuzugehen. Und es sind so viele Erniedrigte, Verlassene, Abgelehnte.

Oft legen Therapeuten den Menschen in Schwierigkeiten nahe, sich selbst zu akzeptieren. Natürlich ist es wichtig, sich mit sich selbst auszusöhnen, doch vor einem zu großen, die Isolierung verstärkenden Individualismus sollten wir uns in Acht nehmen. Ich höre auf mich, entdecke und verstehe mich, und vor allem verwirkliche ich mich ohne die anderen, um in keine Abhängigkeit zu geraten? Was für eine absurde Vorstellung!

Das Gegenteil sollte der Fall sein, denn der andere ist meine Rettung! Das größte Leid rührt von dem Gefühl des Versagens her, dem Gefühl, nicht allein klarzukommen und die individualistischen Kriterien unserer Gesellschaft nicht zu erfüllen. Als wäre ich – ich ganz allein – die Lösung all meiner Probleme. Der vorherrschenden Meinung nach muss ich meine eigene Rettung sein, weil ich sonst abhängig und außen vor bin. Warum und wie ist die fundamentale gegenseitige Abhängigkeit der Menschen demütigend geworden?

Ich versuche, alle Zuschriften zu beantworten. Doch ich kann nicht all diesen Menschen nahestehen: Ihre Nächsten müssen sie in der eigenen Umgebung finden! Heutzutage entdeckt man wieder, wie bereichernd der Umgang mit Menschen in der näheren Umgebung sein kann. Ein erstaunliches Beispiel für diese Tendenz ist das Fest der Nachbarn*, das sich sehr schnell in ganz Europa verbreitet hat. Sein Gründer, Atanase Périfan, hat sich nichts Weltbewegendes ausgedacht: »Reden Sie mit Ihren Nachbarn und feiern Sie als Erstes zusammen!« Das war in Frankreich noch vor wenigen Jahrzehnten in allen

* http://country.european-neighbours-day.com/de

Stadtvierteln und Dörfern gang und gäbe. Solche Vereinsinitiativen werden die Menschen aus der Isolation befreien.

Der andere fehlt uns. Man muss miteinander kommunizieren, um den anderen werben. Wirklich! Stehen Sie dazu, dass der andere Ihre Lösung ist. Aber ohne das Ziel zu verfehlen, denn es geht nicht darum, einen Betreuer zu finden, sondern darum, sich für den anderen zu interessieren. Der erste Schützling von Abbé Pierre*, frisch aus dem Gefängnis entlassen und auf der Straße gelandet, sagte zu ihm: »Ich kann nicht mehr, ich bringe mich um.« Ohne auf diese Bemerkung einzugehen, bat Abbé Pierre ihn bloß, zusammen mit ihm für andere zu sorgen. »Danach sehen wir weiter!« Damit war der Mann gerettet.

Schwierigkeiten isolieren uns, aber am Ende wachsen wir daran. Das ist ein weiter Weg. Bevor depressive Menschen die Rückkehr des anderen akzeptieren, müssen sie erst zu sich selbst finden. Wenn ihnen das gelingt, sind sie stärker und verletzlicher, klarer und lebendiger: Sie haben sich mit ihrem wahren Wesen, der Verletzlichkeit, versöhnt. Unsere Odyssee hat ein Ende, und das verleiht dem Hier und Jetzt seine ganze Intensität. Kein ständiges Vorausdenken mehr, kein Bedauern im Rückblick. Das ist es, was mir in der Reglosigkeit und Stille deutlich bewusst wurde. Wenn ich von diesen selbstverständlichen, aus der Akzeptanz meiner Situation resultierenden Erkenntnissen berichte, sind die anderen immer wieder fasziniert von der Diskrepanz zwischen dem Augenblick, in dem ich ganz intensiv lebe, und ihren eigenen Erwartungen,

* Gründer der internationalen Wohltätigkeitsorganisation Emmaus.

ihrer Ausrichtung auf die Zukunft, die sie ganz in Beschlag nehmen.

Nicht der reglose Körper, sondern die Abwesenheit des anderen ist das wahre Handicap. Der behinderte und aufgrund dessen abhängige Mensch weiß, wie schwer die Last der Abwesenheit wiegt. Daher stammt übrigens das Wort »handicap«: Zum Ausgleich für ihre größere Leistungsfähigkeit mussten kräftigere Pferde bei Rennen in England ein zusätzliches Gewicht tragen, das sogenannte Handicap. Und das echte Handicap, das einen aus dem Rennen wirft, ist die Abwesenheit des anderen. Heutzutage muss man wahrlich nicht körperlich gebrochen sein, um ein Handicap zu haben!

Das Handicap kann nur das Ich und Du ausgleichen. Die Begegnung hebt uns nicht bloß wieder in den Sattel, sondern bringt uns wieder zurück ins Rennen.

Doch auch ohne Bewährungsproben, Unfälle, Behinderung und Depression kann man zu seiner Menschlichkeit finden. Wie macht man völlig gesunden Menschen ihre Verletzlichkeit bewusst? Wir, die besonders Geschwächten, wirken natürlich sowohl verletzlicher als auch abhängiger, aber trifft das nicht bis zu einem gewissen Grad auf alle zu? Diese alltägliche Abhängigkeit ist für viele keine Frage des Überlebens, aber sie greift einer zukünftigen Verletzlichkeit voraus. Das Eingeständnis der eigenen Abhängigkeit, und sei sie im Moment noch so gering, zeugt von gesundem Menschenverstand im Hinblick auf die Zukunft. Wenn jeder von uns seinen Anteil Abhängigkeit akzeptierte und zuvorkommend auf den anderen zuginge, würde das enorme Kräfte für alle freisetzen.

Mit anderen Worten: Das Ich und Du ist nicht nur eine Antwort auf die Behinderung und die Verletzlichkeit, sondern schlicht die Grundlage unseres Daseins. Vertrauen schenken und so angenommen werden, wie wir sind. Dann wird der simple Gruß eines Menschen, der sich die Zeit nimmt, Sie anzusehen, zu einer Lebensnotwendigkeit. Mit Wohlwollen betrachtet zu werden baut einen weit mehr auf, als man sich das im Allgemeinen vorstellt.

Das Alter und die Krankheit entwaffnen uns, weil sie unsere Verletzlichkeit erhöhen und so unser wahres Wesen ans Licht bringen. Sie rücken die Verhältnisse wieder zurecht und sind Teil der weltweiten Entwaffnung. Meine Sicht der Dinge liegt nicht im Trend, ich weiß, aber das Alter kann die Welt wirklich retten! Es gäbe keine Kriege mehr, wenn Alter und Verletzlichkeit ins Zentrum der Gesellschaft rücken würden. Dazu muss man das Alter nicht verherrlichen, sondern es einfach integrieren, es ist eine Realität, die zum Kern unseres Menschseins gehört. Seine Nähe zum Tod würde sich beruhigend auswirken.

Die Versuchung, den gänzlich anderen zu verstecken, ist groß, besonders wenn er verletzlich, alt und krank ist. Doch mit unserem Bemühen, alles auszuradieren, was nicht der »triumphierenden Normalität« entspricht, errichten wir eine tyrannische Welt.

Mittlerweile regt sich Widerstand. So gründete zum Beispiel Jean Vanier die Wohngemeinschaften der Arche, wo gesunde Menschen und Menschen mit geistiger Behinderung zusammenleben; Laurent de Cherisey eröffnet Wohngruppen für mehrfachbehinderte Menschen mit einem Schädel-Hirn-Trauma. Das Zusammenleben von Versehrten und Unversehrten, Jungen und Alten entwaffnet die Welt. Und wenn man das zum Programm macht, hat es eine enorme politische Tragweite!

In der Schweiz denkt man wohl darüber nach, Angehörige oder Freunde, die Pflegebedürftige versorgen, zu bezahlen, damit Letztere nicht in Einrichtungen untergebracht werden müssen. Wirtschaftlich betrachtet ist es sehr sinnvoll, Betreuungsbedürftige zu Hause zu lassen und die, die sich um sie kümmern, zu unterstützen, denn es ist um einiges günstiger als die institutionalisierte staatliche Pflege. Hinzu kommt, dass dadurch ganz wesentliche Verbindungen in der Familie, im Viertel und in der Gesellschaft geknüpft werden.

An seinem Glück zu arbeiten heißt nicht, einer Lüge aufzusitzen oder einem Traum hinterherzurennen, sondern im Gegenteil, unsere Wirklichkeit anzunehmen. Von Geburt an haben wir alle etwas gemeinsam: die Tatsache, dass der so verschiedene andere, der pflegebedürftige oder senile andere, letztlich wie ich ist – ich selbst in einer mehr oder weniger nahen Zukunft. Es geht mir nicht darum, dass wir uns ins Alter und in die Verletzlichkeit flüchten, sondern dass wir mit unseresgleichen, den verletzlichen und geschwächten Menschen, zusammenleben. Denn sie sind heute so, wie ich eines Tages in der Zukunft sein könnte, und alles in allem unterscheiden sie sich vielleicht gar nicht so sehr von mir. Meine Aufgabe ist es, mich mit meiner Natur und mit diesem unterschiedlichen anderen auszusöhnen. Von heute an!

17 EIN ZWEITER ATEM

Ich erinnere mich an einen Krankenhausaufenthalt, bei dem mein Zimmernachbar ständig wütend war. Dabei war er kein »Anfänger«, sondern schon vier Jahre behindert. Doch seine Wut darüber hatte sich nie gelegt. Er war der Meinung, der Zorn helfe ihm beim Überleben. Das kann ich sehr gut nachvollziehen: Lange Zeit haben meine Schmerzen für mich den Vorteil gehabt, dass ich wütend blieb. Ich litt, also lebte ich!

Mit seiner Wut stößt man die anderen vor den Kopf, sei es, weil sie genauso verletzt sind wie man selbst, oder weil sie geschwächt sind. Man kann nichts anderes mit ihnen teilen als diese ungeheure Wut. Sie nimmt allen Raum ein, der Beziehungen vorbehalten ist: Für die Begegnung selbst bleibt kein Platz. Wenn Sie die Waffen gestreckt haben, sind Sie jedoch offen für den anderen, für den Teil von ihm, der Ihnen unbekannt ist. Doch so weit muss man erst einmal kommen, und bevor ich meine Abwehrhaltung aufgeben konnte, musste ich erst auf die extreme Bedürftigkeit, den extremen Unterschied stoßen.

Was sagt man jemandem, der voller Wut ist? Zunächst einmal lächelte ich immer, wenn ich meinen jungen Zimmernachbarn sah. »Atme!«, sagte ich. Viel weiter kam ich nicht, schon jagte er mich zum Teufel! Obwohl er wusste, dass ich mich im selben Zustand befand wie er. Auch ich litt körperlich und neurologisch. Doch seine Wut nährte und steigerte seinen Schmerz. Am Ende hat er begriffen, dass man sich um ihn kümmern würde, wenn er nicht immer nur mit Abwehr reagierte. Solange er wütend war, wurde er zwar versorgt, aber nicht angesehen. Atme! Man muss tief in sich gehen, still und leise, trotz der Schmerzen, die einem Unbehagen bereiten. Den Lebensatem tief unten im Bauch aufspüren. Eins werden mit diesem Atem, sich selbst vergessen, um schließlich neben dem Schmerz zu stehen. Dann erst kann man wieder an die Oberfläche zurückkehren und den anderen in Ruhe betrachten.

Wenn man es wagt, die Waffen niederzulegen, hat das ganz konkrete Auswirkungen. Ich muss häufig schwierige, unangenehme Pflegehandlungen über mich ergehen lassen. Das ertrage ich sicher nicht, weil ich mich ihnen widersetze oder dagegen ankämpfe. Im Gegenteil, ich überlasse mich vollkommen meinen Pflegern, stelle mich ganz und gar zur Verfügung, zeige keinerlei Reaktion. Ich schließe die Augen, trete zur Seite. Später werde ich zurückkommen, das weiß ich: eine gute Übung in Zurückhaltung, »Nicht-Kontrolle« und Hingabe.

Zögern Sie nicht, legen Sie Ihre Wut ab! Lösen Sie sich von all Ihren Vorwürfen: Die Welt trifft keine Schuld; niemand hat Ihre Lage gewollt. Die anderen sind nicht für Ihren Zustand verantwortlich. Heben Sie sich Ihre Wut für Ungerechtigkeiten auf. Freunden Sie sich mit Ihrer Situation an, dann wird der wohlwollende andere auftauchen. Es genügt nicht, sich mit der Behinderung abzufinden, sie hinzunehmen – machen

Sie etwas daraus. Es ist immer wieder dasselbe: Man muss loslassen, um zu einem zweiten Atem zu finden.

Ich und Du, das ist eine Atemübung: Das Einatmen drückt die Lust auf das Leben aus, den Drang, das Verlangen zu leben. Beim Ausatmen entspannt man sich, wird durchlässig, leer. Je tiefer man ausatmet, desto weiter kommt man, denn das folgende Einatmen wird automatisch tiefer.

Der ehemalige Marathon-Olympiasieger Alain Mimoun schnitt furchtbare Grimassen, um so tief wie möglich auszuatmen. Doch Ausatmen heißt nicht sterben, den letzten Atem ausblasen, sondern lediglich loslassen und an den nächsten Atemzug glauben. Das Einatmen lässt sich nicht erzwingen, sonst würden wir nur riskieren, zu hyperventilieren oder Herzrasen zu bekommen. Das Ausatmen hingegen kann man forcieren – dann wird das folgende Einatmen angenehm und selbstverständlich. Eine Unterhaltung lässt sich mit dem Atmen vergleichen. Das Ich und Du bildet sich in einem fließenden, natürlichen Atemrhythmus heraus, der nichts mit erstickender krankhafter Geschwätzigkeit zu tun hat. Atmen und sprechen, in einem ungezwungenen Rhythmus.

Es gibt ganz einfache Kniffe, um die Bindung zwischen Dir und Mir zu begünstigen: Seien Sie freundlich, lächeln Sie, auch wenn Sie leiden und behindert sind. Zwischen »Uns« sollte sich Wohlwollen etablieren, angefangen mit ein wenig Höflichkeit, einer heutzutage unüblich gewordenen Zuvorkommenheit. Wenn wir »ich zuerst« gelten lassen, würdigen wir den anderen nicht mehr und schenken ihm keine Beachtung. Die Kunst der Liebenswürdigkeit ändert unser Leben.

Mein größter Wunsch ist, dass im Zuge der Erneuerung der sozialen Beziehung zwischen Dir und Mir Freundlichkeit und Humor im Umgang miteinander selbstverständlich werden. Das beseitigt zwar nicht die Unterschiede zwischen uns, sorgt aber dafür, dass unser Austausch nachsichtiger und achtsamer verläuft. Du und Ich, wir sind – zum Glück – nicht unbedingt im Einklang. Um offen für den anderen zu sein, muss man ruhig sein. Das tut unserer Persönlichkeit keinen Abbruch.

Kasimir Malewitsch malte zu Beginn des 20. Jahrhunderts ein weißes Viereck auf weißen Grund, und diese monolithische Kunst spiegelte die Grausamkeit, die Absurdität und Blindheit einer gleichförmigen Welt wider. Die außerordentliche Vielfalt der Natur mit ihren Abertausenden Tieren und Pflanzen ist das Ebenbild der Diversität unter den Menschen. An der Schöpfung kann man erkennen, dass Schönheit aus Vielfalt geboren wird. Wohlwollen aber ist das Medium der Diversität. Ist Ihre Haltung ablehnend und verkrampft, dürfte es Ihnen schwerfallen, den Unterschied wertzuschätzen. Wir sollten uns wohlwollend begegnen – nicht etwa nur aus Großmut, sondern um die Begegnung überhaupt zu ermöglichen.

18 DAS ICH UND DU DER EXTREME

Nach Erscheinen des Films *Ziemlich beste Freunde* lud mich Laurent de Cherisey, der geschäftsführende Direktor des Vereins Simon de Cyrène*, nach Vanves ein, um mir das neu gegründete Gemeinschaftszentrum für Menschen mit Mehrfachbehinderung zu zeigen. Ich war umgeben von etlichen Journalisten und Fernsehteams und konnte zunächst nicht allzu viel sehen. Laurent hatte das Treffen gleichwohl gut vorbereitet.

Irgendwann sehe ich mich fünfzig Schwerbehinderten gegenüber. Ehrlich gesagt bin ich – selbst nach all den Jahren in Krankenhäusern und Rehazentren – auf so viel geballte Verletzlichkeit nicht vorbereitet. Menschen mit Mehrfachbehinderung, Aphasiker, Menschen mit kognitiven Störungen und solche mit Verhaltensstörungen. Verglichen mit ihnen bin ich, der Tetraplegiker, bei bester Gesundheit! Laurent de Cherisey will, dass ich ihnen ein paar Worte sage. Ohne zu wissen, ob diese Menschen mir zuhören, ob sie mich verstehen. Hat das überhaupt einen Sinn?

Mich bringt so schnell nichts aus der Fassung. Aber an diesem Tag bin ich perplex, auf dem falschen Fuß erwischt, bringe kein Wort heraus. Da legt Laurent mir den Arm um die Schultern. Ich sitze im Rollstuhl, und er rüttelt mich sanft.

* www.simondecyrene.org

Ich kenne ihn nicht besonders gut, was ist bloß in ihn gefahren?

Mir gegenüber sehe ich eine sehr hübsche junge Frau mit geneigtem Kopf und offenem Mund, die, ein breites Lächeln auf den Lippen und mit tränenden Augen, vor sich hin sabbert. Ich verstehe nicht, was sie will. Eine andere Frau hinter ihr hat sich verkleidet und trägt eine Perücke. Sie ist ganz woanders, hält sich für eine Marquise. Ein junger Mann rechts von mir sieht mich nicht an, redet aber trotzdem mit mir. Ich spüre, dass er mich meint. Ich befinde mich an den äußersten Rändern des anderen. Ich habe noch nie Menschen gesehen, die dermaßen anders waren.

Minutenlang rüttelt mich Laurent. Die Kameraleute verstehen nicht, was vor sich geht. Tatsächlich ist hier ein großartiges Abbild der Menschheit versammelt. Zum Teil sind diese Leute still, auf jeden Fall drücken sie sich nicht auf konventionelle Weise aus. Aber mit was für einer Intensität! Ich muss in den Augen dieser Frau das lesen, was ihr Mund nicht sagt. Der junge Mann schaut zwar aus Furcht weg, doch ich muss darauf achten, was er auszudrücken versucht. Die Verrückte mit der Perücke spielt ihr Theater für mich.

Laurent hat mich so lange gerüttelt, bis ich endlich kapierte, was er mir sagen wollte: »Lass los!«

Dieser Tag bei Simon de Cyrène war einer der wichtigsten Initiationsmomente in meinem Leben. Eine Erfahrung totalen »Loslassens«: Dadurch wird der anscheinend so weit entfernte andere plötzlich völlig zugänglich. Ich brauchte nichts weiter zu tun, als mich einfach »sein« zu lassen, inmitten dieser Ansammlung ganz erstaunlicher Personen, einschließlich jenes anderen, dessen missgebildeter Körper keiner menschlichen Erscheinung mehr ähnelte. Nie zuvor war ich so glücklich, inmitten anderer zu sein.

Bestimmt kann man auch ohne einen solchen Schock erkennen, wie wichtig es ist, auf diese Weise mit anderen umzugehen. Erneut ist es die Stille, die, ohne Angst und Vorurteile, zur Begegnung führt. Dafür muss ich nicht ganz auf Worte verzichten. Aber innerlich bin ich vollkommen still, räume dem anderen Platz ein, damit er mich berühren kann. Das erfordert Verfügbarkeit und – mehr noch – Selbstentäußerung. Man muss völlig entwaffnet und somit ungefährlich sein, um etwas mit den anderen aufzubauen.

Loslassen, damit jeder so sein kann, wie er ist, und sei er in noch so schlechtem Zustand. Schließlich habe ich gelächelt. Es war nicht nötig zu sprechen. Ich war mir auch nicht sicher, ob man mich verstanden hätte. Bei einem flüsterte ich ein paar Worte, einen anderen lächelte ich an, einem dritten nickte ich zu. Sie sind auf mich zugekommen: Es war phantastisch! Aber da waren die Fernsehteams schon weg.

In unserer Gesellschaft, in der man den extremen Unterschied normalerweise im Verborgenen hält, ist es durchaus nachvollziehbar, dass man im ersten Schreck den anderen aufgrund seiner »Hässlichkeit« nicht wahrnimmt, als ließen wir nur bestimmte Schönheitsideale oder eine beruhigende Normalität gelten. Unser standardisierter Blick auf die Welt entspricht unserem genormten Verhalten gegenüber Mensch und Schöpfung. Die Brutalität einer solchen Herangehensweise, die störende andere gänzlich ausblendet, äußert sich in einem geringeren Verständnis für die Schöpfung.

Das Ich und Du, wie es unsere Gesellschaft sieht, grenzt aus – so als gäbe es ein auserwähltes, erstklassiges, die gesellschaftlichen Kriterien von Erfolg, Leistung, Sportlichkeit erfüllendes Ich und Du. Als gäbe es eine Art mustergültiges Gespann und als ließen sich die Bezeichnungen Gespann und Anderssein nicht auf Unvollkommenes anwenden. Das Ich und Du aber sollte die Unvollkommenheit jedes Einzelnen rehabilitieren, es sollte durch den Blick des anderen und durch seine Wertschätzung Sicherheit geben. In der Beziehung zum anderen ist Ungleichheit bereichernder als sterile Normalität. Auf der einen Seite ist da Offenheit für den Mitmenschen, auf der anderen die Falle von Vergleich und Urteil.

Im tiefen Atem der Beziehung bringe ich der großen Verletzlichkeit, dem großen Unterschied eine enorme Wertschätzung entgegen. Das mag etwas förmlich klingen, hat aber einen tieferen Sinn, denn auf meine Geringschätzung bei der ungewohnten Begegnung folgte die aufmerksame Wertschätzung des anderen – nun akzeptiere ich ihn so, wie er mir erscheint, und, wichtiger noch, mein Verständnis, meine Ehrerbietung und Achtung gründen darauf. So nehme ich den anderen in seinem ganzen Unterschied und in seiner Fülle wahr.

Ich bin also voll der Wertschätzung für jene, die es mir erlaubt haben, den Ausweg aus meiner zerstörerischen Abkapselung und sterilen Simplifizierung zu finden. Ich war Herr (oder glaubte das zumindest) und wurde angesichts des so unglaublich unterschiedlichen anderen zum Knecht, und so nahm ich die Schöpfung in all ihrer Vielfalt an.

Lange war ich von isolierender und destruktiver Selbstliebe verblendet und glaubte, sie würde mich stärken und mich abhärten. Heute ziehe ich die Liebe vor, die Liebe zum anderen, der so unterschiedlich und verletzlich ist und mich mit mir selbst und der Welt versöhnt. Angesichts des unterschiedlichen anderen habe ich einen Schritt zur Seite gemacht. Ich war Akteur, jetzt bin ich Zeuge der großen Verletzlichkeit. Mit dieser Einstellung bin ich offen für den extrem anderen, und indem ich mich zurücknehme, finde ich eine Antwort darauf, wie ich ihm begegnen und ihm dabei seine Würde belassen kann. Wenn ich diese Herangehensweise generell anwende, erkenne ich, was in unserer Gesellschaft im Argen liegt, und, wichtiger noch, ich entdecke einen unerschöpflichen Quell intelligenter Lösungen.

Die Beziehung zu dem so ganz unterschiedlichen anderen löst mich von mir selbst, damit ich eine Antwort auf die Anforderungen unseres Miteinanders finden kann. Es ist eine ganz andere Herangehensweise als die Grausamkeit unserer normativen Gesellschaft, wo sich simplifizierte, allgemeingültige Lösungen durchsetzen, unserer Umwelt großen Schaden zufügen und Ausgrenzung und Erniedrigung mit sich bringen. Das Miteinander, bei dem der extreme Unterschied berücksichtigt wird, führt zur Erneuerung der Gesellschaft und respektiert gleichzeitig die Schöpfung. Wir alle tragen die Verantwortung für unsere Beziehung mit denen, die um uns herum verletzlich und ausgegrenzt sind. Wir müssen die Verantwortung für die erniedrigten oder versehrten anderen übernehmen. Die auf Angst und Unsicherheit basierenden Übel der Gesellschaft können nur dann geheilt werden, wenn wir uns von uns selbst lösen. Wir müssen die Selbstsucht und Erfolgsgier ablegen und unsere Verletzlichkeit akzeptieren, damit wir endlich die Verletzlichsten unter uns wahrnehmen, sie in ihrer Würde belassen und auf diese Weise gleichzeitig Lösungen für unsere gesellschaftlichen Probleme finden.

Das ist ein großes Vorhaben, und natürlich bräuchte man viel Zeit, vielleicht sogar ein ganzes Leben, um die politischen, kulturellen, philosophischen und spirituellen Wege von der Selbstgefälligkeit hin zur Wertschätzung für den anderen aufzuzeigen. Diese Wertschätzung ist ein Weg der Rettung für uns alle, auf dem sich Neugier, Staunen, Zustimmung, ein offenes Ohr, Respekt und Zärtlichkeit miteinander verbinden.

Das Ich und Du der Extreme wird so zu einer Therapie für unsere schwerkranke Welt, es öffnet uns die Augen füreinander und revolutioniert unsere Beziehung zu unserer Umgebung.

19 UNSINNIGES LEID

Wie schwer es ist, Dir, dem Leidenden, zu begegnen! Leid nimmt einen ganz in Beschlag. Das weiß ich, denn ich erfahre es seit vielen Jahren am eigenen Leib: Wenn es mich in seinem Klammergriff hat, bin ich eigentlich nicht ansprechbar.

Leid stört die Beziehung zwischen Dir und Mir enorm. Im schlimmsten Fall können wir gar nicht mehr miteinander kommunizieren, obwohl die Beziehung uns beiden wichtig ist. Doch der Schmerz errichtet eine Mauer. Der Leidende möchte nicht auf seinen Schmerz reduziert werden. Und in der Annahme, Gutes zu tun, versucht der andere, die Verbindung um jeden Preis aufrechtzuerhalten. Wenn man körperliche, neurologische Schmerzen hat, ist man verletzt, verformt. Man ist verändert, *anders*. Das ist die Wurzel des Andersseins.

Im Beisein eines ihm wohlgesinnten Menschen muss der Leidende die Initiative ergreifen und den Weg zu einer Beziehung ebnen. Der Nicht-Leidende fühlt sich angesichts des Leids unbehaglich, der Anblick von jemandem, der leidet, verunsichert ihn. Mein Bruder zum Beispiel hat nach dem Unfall lange gebraucht, um sich mir im Krankenhaus zu nähern. Es ist die Aufgabe des Leidenden, dem anderen entgegenzugehen und ihn, wenn möglich, zu beruhigen. Das kostet viel Energie. Immer, sogar dann, wenn ich leide, versuche ich, die anderen zu beruhigen. Auch dann lächle ich.

Manchmal glauben mitfühlende Menschen, sie könnten meine Schmerzen auf sich nehmen. Sie bestehen darauf, mit mir zu leiden, mit mir zu beten, dem Leid einen Sinn abzugewinnen. Aber Leiden hat keinen Sinn! Die anderen sollen einfach nur bei mir sein; aus meinem Leid sollen sie sich heraushalten.

Wenn ich leide, verlasse ich mich darauf, dass der andere mich labt und aufheitert. Ich brauche seine Unbekümmertheit, seinen Humor und seinen Alltag! Unter Schmerzen höre ich den anderen gern von seinen Wehwehchen erzählen. Sorgen miteinander zu teilen hat etwas Tröstliches, selbst wenn mein Gegenüber bloß erkältet ist oder Muskelkater hat. Trotzdem betritt die menschliche Realität zusammen mit ihm den Raum und drängt mein Leid beiseite. Ist es unbeholfen, wenn der andere mir von seiner schwierigen Parkplatzsuche oder von Problemen mit seinen Kindern erzählt? Diese erfrischende Unüberlegtheit bringt etwas Luft in mein von Schmerzen stickiges Zimmer. Der andere, der sich öffnet, sich anvertraut und mir manchmal sogar sein Leid klagt, bietet mir Trost. Seine unbekümmerte Gegenwart gibt mir meine Integrität zurück, und ich werde von neuem ganz. Wenn das Leid mich in tausend Stücke zerschlägt, mich komplett zerlegt, brennt der andere die Wunde aus.

Wie soll man einem Leidenden begegnen? Wer leidet, erhofft sich von diesem Besuch etwas frische Luft. Versuchen Sie nicht, sich in den Leidenden zu versetzen, das wäre ein Affront. Der Besucher soll sich einlassen – und sonst nichts.

Belasten Sie uns nicht mit Ihrem Anspruch; im Gegenteil, befreien Sie mich, nehmen Sie mich mit. Schenken Sie mir eine Geste, einen Blick, der mich verankert und aus dem Abgrund des Schmerzes zieht.

Befreien Sie mich durch Ihre Anwesenheit vom Leid, anstatt mich noch mehr damit zu konfrontieren. Wer mein Leid teilen will, sperrt mich darin ein. Bitte nicht: Erfrischen Sie mich, flößen Sie mir Leben ein.

Es ist ungeheuer wichtig, jemanden an der Seite zu haben, wenn man leidet, das müssen Sie begreifen. Selbst wenn es Ihnen, dem Besucher, unangenehm ist! Natürlich ist Leid verstörend, doch auch für Sie hält dieser Kontakt etwas bereit. Ich habe viel Erfahrung mit dem Leid der anderen, weil ich beispielsweise meine Rollstuhl-Kollegen in ihren Zimmern besucht habe. Im Beisein Leidender streckt man die Waffen und gibt sich eine Blöße. Wenn Sie sich einem Leidenden zur Seite stellen, ist das auch für Sie eine außergewöhnliche Therapie.

Benoît, eine hohe Führungspersönlichkeit im Ruhestand, verbringt jede Woche mehrere Nachmittage in einem Palliativzentrum und besucht Schwerkranke an ihrem Lebensende. Er berichtet davon, wie unglaublich bereichernd und intensiv es ist, wenn zwei Unbekannte einen hochemotionalen, mit Liebe und Unendlichkeit erfüllten Moment teilen. Einen Moment, in dem es manchmal sogar Raum für liebevolle Späße gibt!

Wir sind nicht zu schwermütigem Ernst verdammt, im Gegenteil! Etwas Heiterkeit erleichtert die Kommunikation, entschärft das Unverständnis, zähmt uns und macht uns umgänglicher. Heiterkeit fördert das gegenseitige Vertrauen und erleichtert das Verständnis. Lockerheit und Unbefangenheit sind im Beisein eines anderen, der leidet oder bald sterben wird, immer schwierig; tatsächlich wirkt aufgesetzte Ungezwungenheit eher entmutigend als lindernd. Ständiger Ernst hingegen ist bedrückend und unterstreicht die Einsamkeit des Leidens. Seien Sie also Sie selbst, alles andere ist unangebracht!

Wenn die Begegnung wahrhaftig sein soll, seien Sie aufrichtig mit dem anderen, der Ihre Haltung zwischen den Zeilen spürt. Leid schärft die Wahrnehmung ganz außerordentlich. Eine authentische Geste, Natürlichkeit und aufrichtige Worte wirken auf die Leidenden wahrhaft befreiend.

20 ENTWAFFNET VORANGEHEN

Meine erste Begegnung mit den Verantwortlichen des Films *Ziemlich beste Freunde* war ganz erstaunlich. Der Produzent Nicolas Duval-Adassovsky – in der Filmbranche ein bekannter Mann, doch ich hatte bis dahin noch nie von ihm gehört – kam zusammen mit den Regisseuren Éric Toledano und Oliver Nakache nach Essaouira in Marokko. Diese beiden zeigten sich sofort ganz entspannt und ließen sich von meiner Behinderung überhaupt nicht beeindrucken. Duval-Adassovsky hingegen reichte mir als Erstes die Hand ... und stellte, ein bisschen zu spät, sein Missgeschick fest. Das ist mir oft passiert, und jedes Mal musste ich darüber lächeln. Kein Grund für großes Aufheben. Dem Filmproduzenten aber war das furchtbar peinlich, und zum Ausgleich für diese Panne erzählte er mir sofort seine Lebensgeschichte. Dass er mir so bald, quasi aus Höflichkeit, Vertrauen schenkte, hat mich tief berührt. Meine Verletzlichkeit ermöglicht es den anderen sicherlich, sich authentischer und schlichter zu verhalten. Du und Ich können, wenn wir uns selbst überlassen sind, einen ganz unbefangenen Umgang pflegen.

Mehrmals habe ich gemerkt, wie stark meine augenfällige Behinderung mein Gegenüber verunsichert. Damit er eine Beziehung anknüpfen kann, sieht er sich plötzlich gehalten, sich eine Blöße zu geben und die Waffen zu strecken. Das ist durchaus möglich, aber alles andere als leicht: Viele, darunter sogar mir sehr nahestehende Menschen, haben Monate gebraucht, um mir näherzukommen. Leid und Verletzlichkeit rufen bei manchen Menschen eine berechtigte Scheu oder gar eine gewisse Angst hervor.

Die Beziehung zwischen Dir und Mir lässt sich nicht erzwingen: Beide müssen dazu bereit sein. Ich kann und darf mich dem anderen nicht aufdrängen. Ich kann mich aber für eine einladende Haltung entscheiden und versuchen, ihn zu beruhigen. Natürlich habe ich meine Sorgen, leide ständig unter Schmerzen, aber trotzdem möchte ich keinen leidenden Eindruck erwecken, den anderen nicht ostentativ mit meiner Not konfrontieren. Ich bemühe mich immer, ein Lächeln auf den Lippen zu haben, und das war früher, als alles gut ging, nicht der Fall!

Seit ich im Rollstuhl sitze, lächle ich fast unentwegt. Und wenn nicht, wenn ich einmal nicht liebenswürdig bin, ist gerade niemand bei mir. Zuvorkommenheit sollte uns allen eine Pflicht sein. Aus Einsamkeit klagen alte Menschen häufig über ihre alltäglichen Sorgen; wie schwer muss es ihnen fallen, ihren Kummer zu überwinden, um den anderen dazu zu bringen, sie wertzuschätzen! Wenn ich aber den anderen willkommen heiße, ihn beruhige und einladend bin, steht es ihm frei, auf mich zuzukommen, ohne dass er befürchten muss, völlig vereinnahmt zu werden. Es ist meine Aufgabe, diesen Rahmen zu schaffen. Dazu fordere ich meine Besucher oft auf: »Kommen Sie, berühren Sie meine Hand.« Sobald der Kontakt hergestellt ist, ist die Abwehr überwunden.

Wann immer ich behinderten Menschen begegne, ermuntere ich sie, auf die anderen zuzugehen und liebenswürdig zu sein. Es ist nicht selbstverständlich, auf uns Rollstuhlfahrer zuzukommen. Unsere Aufgabe ist es, die anderen dazu zu verlocken.

Im Ich und Du ist jeder frei, so viel zu geben, wie er möchte. Aber nichts hindert mich daran, immer wohlwollend zu sein. Das hat nichts mit Naivität oder Herzensgüte zu tun. Ich brauche Sie, und das nicht nur aus totaler Abhängigkeit, weil ich darauf angewiesen bin, dass man mich versorgt, mich ernährt oder meinen Rollstuhl schiebt. Nein, ich brauche Sie, weil unsere Beziehung es mir erlaubt zu leben. Das gilt für alle Menschen, behindert oder nicht.

Wir Versehrten sind den anderen ausgeliefert. Das ist eine unglaubliche Stärke: Weil wir selbst entwaffnet sind, üben wir eine entwaffnende Wirkung aus. Lassen Sie uns alle aus unseren Festungen treten und die anderen entwaffnen! War das nicht die Botschaft von Gandhi? Oder die von Aung San Suu Kyi, als sie unbewaffnet auf die birmanischen Soldaten zuging, die alle auf sie anlegten? Ihr Charme und ihr ruhiges Vorangehen wirkten entwaffnend. Vielleicht schießt eines Tages wirklich jemand. Aber dann wird ein anderer Entwaffneter an ihrer Stelle weitergehen.

21 BEGLÜCKENDE ABHÄNGIGKEIT

Früher glaubte ich, wie die meisten von uns, von niemandem abhängig zu sein. Doch ich brauche Sie. Bis zu einem gewissen Grad braucht selbst der allermächtigste Mensch den anderen. Diese Abhängigkeit hat nicht nur mit Überleben zu tun, sondern auch und vor allem mit unserer Leistungsfähigkeit. Man muss sich ja bloß in Erinnerung rufen, dass man später, unter dem Einfluss von Alter oder Krankheit, verletzlich sein wird.

Wir alle sind voneinander abhängig, wir waren es bei unserer Geburt und werden es ohne Zweifel an unserem Lebensende sein. Dazwischen vergessen wir, dass wir es auch weiterhin sind. Es wäre gut, wenn die Aktiven, die »Erfolgreichen«, Umgang mit verletzlichen, kranken oder alten Mitmenschen pflegten, um sich diese Selbstverständlichkeit vor Augen zu führen. So würden sie sich ihre eventuelle zukünftige große Abhängigkeit von vornherein bewusst machen.

Man merkt es, wenn man abhängig ist. Aber warten Sie nicht so lange: Sogar Gesunde täuschen sich, wenn sie glauben, den anderen nicht zu brauchen. Das ist Unsinn. Zu akzeptieren, dass man vom anderen abhängt, ist hingegen weise und selbstverständlich zugleich: Ich brauche dich, du brauchst mich. Wir alle befinden uns in dieser Situation beglückender Abhängigkeit, die viel bereichernder ist, als zu versuchen, seine Unabhängigkeit mit Geld abzusichern. Die

Schule der Abhängigkeit ist das Gegenteil der Kampfarena von Geld oder Konkurrenz.

Viel wichtiger als diese praktische Abhängigkeit ist die Tatsache, dass die Beziehung mich aus meiner destruktiven Abkapselung befreit, in der ich blind bin für den anderen und mich um jeden Preis durchsetzen möchte. Eine Gesellschaft, die den anderen und die Beziehung vernachlässigt und stattdessen ein solches Verhalten propagiert, wird am Ende einer simplistischen Sicht anhängen und so die Realität verformen oder gar zerstören. Im Gegensatz dazu erlaubt mir der mit Aufmerksamkeit und Wertschätzung wahrgenommene andere zu erkennen, wie bereichernd der Unterschied ist, er vermittelt uns das Verständnis dafür, dass es überhaupt gänzlich andere Menschen gibt; der andere eröffnet unendlich viele Lösungsmöglichkeiten für die auf bloßer Nabelschau beruhenden Schwierigkeiten unserer Welt.

Bei Erscheinen des Buches *Ziemlich verletzlich, ziemlich stark**, das ich zusammen mit Jean Vanier und Laurent de Cherisey schrieb, wurde eine Pressekonferenz abgehalten. Das war am Tag nach der Wahl von François Hollande zum Präsidenten. Im Anschluss an die Präsentation gab es die Gelegenheit für Fragen. »Was würden Sie dem Präsidenten gern sagen?«, will eine Journalistin von mir wissen. Weil ich beim Thema der Behinderung noch ein »Neuling« bin, sehe ich zu Jean Vanier hinüber. Ein weiser Mann und in meinen Augen

* Philippe Pozzo di Borgo, Jean Vanier, Laurent de Cherisey, *Ziemlich verletzlich, ziemlich stark. Wege zu einer solidarischen Gesellschaft*, Berlin 2012.

ein Prophet. Seit fünfzig Jahren setzt sich die von ihm gegründete Arche für eine andere Art des Zusammenlebens jenseits von Leistungszwängen ein. Die kleine Gruppe von Journalisten wendet sich ihm nun zu. Jean Vanier, der etwa zwei Meter groß ist, sitzt nicht gut auf einem für ihn viel zu niedrigen Sofa. Er mag solche Veranstaltungen nicht, oder jedenfalls stürzt er sich nicht mit Begeisterung ins Gespräch mit Journalisten. Nach einem langen Schweigen streckt er ihnen abrupt den Arm entgegen.

Aus Reflex weichen alle einen Schritt zurück. Jean wiederholt die Bewegung. Daumen und Zeigefinger sind zum Kreis geschlossen, wie ein Zeichen der Inklusion. Man könnte glauben, dass er ihnen sagen möchte: »Jeder von Ihnen ist eine Null.« Aber nein, dieses Zeichen steht für: »Du und Ich zusammen«. Egal, wie unterschiedlich wir sind, wir sind zusammen.

Schließlich ergreift Jean das Wort und sagt den Journalisten einfach nur: »Hör zu, François. Hör gut zu … Lass sie leben.« Mehr hat er nicht zu sagen: »Lass die Schwachen leben, du bist mit ihnen verbunden, stelle sie ins Zentrum.« Diese Maxime setzt er seit Jahren in der Arche in die Tat um! Jean, der einen ausgeprägten Sinn für Humor hat, wollte damit wohl auch sagen: »Gehörst du nicht auch zu ihnen? Bist du, Präsident hin oder her, nicht auch schwach und verletzlich?«

Der von Daumen und Zeigefinger geformte Kreis ist ein wunderbares Zeichen – ich schlage es immer den Gruppen von Jugendlichen vor, die ich treffe, und lasse sie mit erhobenen Händen fotografieren, während sie die Finger zum Kreis schließen. Diese Jugendlichen sind es, die bald eine geeinte Gesellschaft aufbauen werden. Sie streben nach einer Gesellschaft der Inklusion und sind eher bereit, ihren Anteil Verletzlichkeit anzunehmen, als sich den gesellschaftlichen Zwängen auszusetzen.

Mehrere Monate nach Erscheinen des Buches, im Juni 2013, traf ich dann Präsident Hollande bei seinem Besuch des Rehazentrums in Kerpape in der Bretagne, wo ich regelmäßig »zur Wartung« hingehe. Ich nutzte die Gelegenheit, François Hollande die Botschaft von Jean Vanier weiterzuleiten, was die Journalisten nicht getan hatten, und ich bat ihn, dieses Zeichen zu machen, denn ich selbst kann keinen Finger rühren. Das Zeichen ist ein Anfang, ein Appell, alle in die Gesellschaft zu integrieren und unsere Abwehr gegenüber der eigenen Verletzlichkeit aufzugeben.

Jetzt gilt es, das Leben der Verletzlichen und der zahllosen Gedemütigten in den Städten zu erleichtern, die Gesetze zu revidieren, die den Bau behindertengerechter Wohnungen erschweren, und das gemeinsame Leben zu ermöglichen, aus welchem Grund auch immer jemand ausgeschlossen ist, sei es als Langzeitarbeitsloser, als Alleinerziehende, die auf der Straße steht, als Obdachloser, als Jugendlicher aus einem sozialen Brennpunkt usw. Der Präsident hörte mir wohlwollend zu und schloss Daumen und Zeigefinger zum Kreis.

Die Unterschiede können erschreckend sein. Natürlich werden sie teilweise instrumentalisiert – in den seltensten Fällen von den Gedemütigten selbst, um der Gesellschaft ins Gewissen zu reden, öfter aber von Politikern, die diese Gedemütigten verteufeln, um Angst zu schüren.

Die von Jean Vanier befürwortete Inklusion und das Annehmen unserer eigenen Verletzlichkeit könnten zu einem sehr viel weniger Angst auslösenden oder aggressiven Zusammensein führen und in einer wohlwollenden Haltung zum Ausdruck kommen. Statt des heute vorherrschenden »Jeder für sich« würde das Annehmen unserer Abhängigkeit zu vernünftigen Lösungen und allgemeinem Wohl führen.

Stellen Sie sich ein Unternehmen vor, in dem der Teamgeist dominiert, statt dass jeder in Konkurrenz mit dem anderen steht, um stärker zu sein als er: Wie angenehm und wie positiv für das Unternehmen! Ein Gewinn für den Einzelnen und für die Gesellschaft. Aber Wohlwollen kann man nicht per Gesetz verordnen. Man muss es nach und nach entdecken und den Unterschied in die Norm einfließen lassen. Eine Abteilung würde die andere anstecken, eine Werkstatt die nächste, und schließlich würden sich die Verhältnisse ändern. Das Organigramm des Unternehmens spielt da keine Rolle.

Eine Fußball- oder eine Rugbymannschaft sind weitere Beispiele; in ihnen hängt jeder vom anderen ab – ein entscheidender Pass, ein gehaltener Schuss usw. –, aber das Endergebnis ist kollektiv. Jeder wünscht sich, dass die anderen gut spielen, und übertrifft sich selbst dank deren Unterstützung.

In unserer globalen Gesellschaft mögen meine Worte utopisch wirken. Aber hatten denn die politischen Programme, die uns aus der Sackgasse verhelfen sollten, bisher irgendeinen Erfolg? Manche dürften auch die »Rentabilität« meiner Ideen in Frage stellen angesichts der Zeit, die es kostet, dem anderen Wertschätzung entgegenzubringen. Die Frage ist bloß, von welcher Art Rentabilität man da spricht, wenn spekulatives Verhalten die Weltwirtschaft regelmäßig in Krisen stürzt und jede Rezession mit einer gesteigerten Marginalisierung, Demütigung und Nicht-Teilhabe einhergeht. Inklusion ist gleichbedeutend mit einer Wirtschaftsordnung, die für die größtmögliche Anzahl Menschen funktioniert.

Wie soll man denn die Nachfrage ankurbeln, wenn 0,1 Prozent der Menschen so viel Vermögen anhäufen, dass sie mit dem Konsum nicht hinterherkommen? In einer Situation, in der das Überleben eines Drittels der Menschheit nicht gesichert ist, erscheint es grausam und absurd, den müßigen Konsum, den Konsum des Unnützen zu fördern. Inklusion heißt beruhigen und schlichten.

Wohlwollen ist nicht berechnend, sondern eine Sache der Einstellung. Diese muss man ausprobieren, um dahinterzukommen, dass sie unter allen Umständen gewinnbringend ist.

Sicher halten es manche für übertrieben, wenn ich sage, heute, als Behinderter, sei ich besser drauf als vor dem Unfall. Auch in den Gemeinschaften der Arche und denen von Simon de Cyrène ist, neben dem extremen Unterschied, der Eindruck allgemeiner Freude das Auffälligste – obwohl sie, laut Jean Vanier, nicht von vornherein garantiert ist. Das schlichte, von Wohlwollen getragene Miteinander und die gegenseitige Akzeptanz sind eine Quelle großen Glücks.

Wohlwollen ist ganz einfach: In erster Linie muss man sich entwaffnet haben. Sich nicht mehr vor dem anderen fürchten, die Angst, die viele Menschen quält, hinter sich lassen. Die kollektive Angst vor dem anderen, dem man nicht begegnet ist, dem verkannten anderen, ist etwas Schreckliches.

Denn diese Angst gilt vor allem einer Abstraktion. Zunächst muss man sich also die Zeit nehmen, den anderen kennenzulernen. Dann ist alles möglich: Der andere bietet mir etwas, das mich bereichern kann und das mir entgehen würde, wenn ich einsam und abgekapselt wäre.

Natürlich könnte man mir vorhalten, ich hätte lange gebraucht, um die positiven Aspekte des Wohlwollens zu entdecken. Ob ich dafür im Rollstuhl landen musste? Ich weiß nicht, aber wenn ich in die Welt der Gesunden zurückkehren würde, behielte ich dieses Wohlwollen bei. Ob ich das alles von allein, ohne den Unfall entdeckt hätte? Keine Ahnung. Doch es gibt Hunderttausende wohlwollender Männer und Frauen, die die Welt auf ihren Schultern tragen. So viele junge Menschen wollen sich auf sinnvolle Weise engagieren! Du, ich, ihr, wir alle können unser Leben ändern.

Das Ich und Du ist mehr als das Ergebnis der Addition von Dir plus Mir. Wir stehen in Verbindung, sind voneinander abhängig, teilen unsere Verletzlichkeit – welch ein phantastischer Reichtum! In einer Zeit, in der »Jeder für sich« propagiert wird, ist es eine große Erleichterung, miteinander in Verbindung zu stehen und unsere gegenseitige Abhängigkeit zu akzeptieren. Wie wohltuend, Teil dieser gemeinsamen Menschheit zu sein – es tut gut zu wissen, dass man, wenn nötig, gerettet wird; es tut gut, den anderen zu retten, ohne befürchten zu müssen, ausgeschlossen und gedemütigt zu werden.

Je mehr man sich um Unabhängigkeit bemüht, desto einsamer ist man. Eine schwere Behinderung, die Präsenz des großen Unterschieds in der Mitte der Gesellschaft, zeigt dagegen gerade, dass man die sehr große Verletzlichkeit, das extreme Handicap nicht allein bewältigen kann. Die Anwesenheit dieses extremen Handicaps bringt uns schließlich dazu, zusammen zu handeln und in der Gemeinschaft zu leben. Die Gesellschaft ist beunruhigend, und das nicht ohne Grund. Im »Ich zuerst« finden wir nicht unser Heil – selbst wenn der mächtigste Mensch alles an sich reißen würde, könnte ihn das weder vor seinem Schicksal bewahren, das er, und sei es bloß wegen seiner Sterblichkeit, als tragisch erahnt, noch vor den extremen Spannungen in der Gesellschaft, die ihm durchaus bewusst sind. Im Gegenteil! Die Rettung der Gesellschaft liegt in der Akzeptanz des anderen, des schwachen Du, im offenen Ohr und im gegenseitigen Verständnis. Denn das Verstehen des schwachen anderen hilft uns wieder auf die Beine und rettet uns.

Sie können sich nach allen Seiten absichern und ein großes Vermögen anhäufen – trotzdem dürfte Sie das nicht glücklich machen. Wie grausam diese Ich-Bezogenheit doch ist. Wir sollten uns nicht vor der Abhängigkeit fürchten. Falls Sie Sicherheit suchen, sichern Sie sich mit den anderen zusammen ab und nicht gegen sie. Machen Sie sich vor allem bewusst, wie absurd es ist zu glauben, man könne allein leben. Ich lebe, weil es Sie gibt, weil es uns gibt, Dich und Mich. Daran glaube ich.

Das ist die universelle Botschaft des Films *Ziemlich beste Freunde*. Er lief in rund sechzig Ländern und wurde überall verstanden. Jeder ist von der Frage der Verletzlichkeit und des Unterschieds betroffen. Hat sich bei Ihnen, der Sie den Film gesehen haben, der Blick auf die Welt geändert? Damit meine ich nicht, ob Sie Mitleid oder Erbarmen empfinden, sondern ob Sie akzeptieren, entwaffnet zu sein. Ein paar Menschen, die darin übereinstimmen, ihre Sichtweise des Unterschieds aufzugeben oder zu ändern, genügen, damit alles anders wird. Wenn eine Begegnung möglich ist, wenn wir, Du und Ich, gemeinsam vorangehen, werden wir die anderen anstecken.

22 FLÜCHTIGE BEGEGNUNGEN

Beziehungen bilden sich nach und nach, sie brauchen Zeit. Zeit und Engagement. Manchmal taucht der andere auf: Ein unvorhergesehener Austausch findet ganz selbstverständlich statt. Diese Begegnung mag flüchtig und vorübergehend sein, dennoch schreibt sie sich in unser Leben ein.

Eine Begegnung im Warteraum des Rehazentrums. Eine Stunde im Rehasaal der Klinik, wir beide nebeneinander, jeder auf seinem Stehbrett. Wir, die Unbeweglichen, müssen jeden Tag ein paar Minuten aufrecht verbringen, um ein bisschen »Sport« zu machen. Oft sind wir schwach: Es ist enorm ermüdend, in die Senkrechte verfrachtet zu werden!

Ich spüre die Erschöpfung des anderen. »Alles in Ordnung?« Ein Satz nur, schon nimmt die Begegnung ihren Lauf. Es ist eine Art, auf den ganz nahen anderen aufzupassen, wenn seine Kräfte nachlassen. Wenn er hustet, sage ich dem Pflegepersonal Bescheid: »Schauen Sie mal, es geht ihm nicht gut.« Wenn ich sehe, dass er den Kopf hängen lässt: »Achtung, er kippt gleich aus den Latschen.« Mit derselben Selbstverständlichkeit achtet er auf mich. In solchen Momenten ergibt sich die Aufmerksamkeit für den anderen auf natürliche, weder vorprogrammierte noch vorhergesehene Weise. Eine Empfindung, eine Schwingung zeichnen diesen Augenblick aus, auch ohne dass geredet wird. Es gibt keine Worte, wenn man diesen ungewissen Bereich des Bewusstseins – die extreme Feinfühligkeit – mit dem Nebenmann teilt. Vielleicht kommen wir uns durch den gemeinsamen Zustand der Behinderung näher – mit dieser Armada aufgereihter Körper, diesen unbeweglichen Kriegern, wo der eine der Leibwächter des anderen ist, teile ich Momente von Brüderlichkeit.

Andere Begegnungen haben geometrische Eigenschaften: In der Rehaklinik oder im Krankenhaus verbringe ich viel Zeit im Liegen, während mein Besucher stehen bleibt. Diese Begegnung zwischen der Waagerechten und der Senkrechten mag ich sehr. Gemeinsam bilden wir das Kreuz der Menschheit! Aus Erfahrung weiß ich, was für einen enormen Unterschied die waagerechte Lage macht. Am Anfang fühlt sich niemand damit wohl. Doch es ist eine sehr schöne menschliche Erfahrung, sich um einen Liegenden zu kümmern. Sich über einen Leidenden in seinem Bett zu beugen wie eine Mutter über die Wiege ihres Kindes ist ein zärtlicher, achtsamer und emotionaler Akt.

Der Gelähmte, der diesen wohlwollenden Besuch des fürsorglichen anderen über ihm akzeptiert, ist bereits auf dem Wege der Besserung. Im Liegen haben wir eine ganz besondere Perspektive auf die aufrechte Menschheit. Unsere Sichtweise wird von neuem eingestellt. Man nimmt den vertrauten Besucher nicht aus der üblichen Perspektive wahr; von unten erfasst man ihn erneut und löscht damit vielleicht die Erinnerung an Begegnungen auf Augenhöhe, bei denen Machtverhältnisse im Spiel waren. Nichts geht verloren: Eine Gegenseitigkeit etabliert sich; zwischen der Vitalität des Stehenden und der bedrängten Vitalität des Liegenden findet ein echter Austausch statt. Wie nebenbei gibt der Kranke in der

Waagerechten seinem Besucher, der ihm Zeit schenkt, etwas zurück. Der Austausch zwischen ihnen hat nichts mit dem Austausch von Siegern zu tun, er ist ganz besonderer Natur. Die Anwesenheit des anderen ist ein Geschenk. Eine in Wahrheit getränkte Gabe. Zwischen den beiden geschieht etwas!

Selbst wenn diese Begegnung vorübergehend ist und wir anschließend wieder zu unserer Beziehung auf Augenhöhe zurückkehren, hinterlässt sie Spuren. Die geometrische Begegnung führt zu einer Art Entwaffnung. Selbst wenn weitere Begegnungen folgen, behält diese ihre Würze. Sie hat gutgetan. Etwas ist geschehen, unbedeutend, aber bleibend. Möglicherweise wiederholt sich der Augenblick. Er bleibt uns in Erinnerung, und wir sammeln diese Augenblicke der Begegnung zwischen Dir und Mir, die unter besonderen Bedingungen stattgefunden haben.

Die Lebensfreude, die ich in solchen Momenten intensiver Hingabe und Menschlichkeit spüre, ist auch im Alltag der Gesunden denkbar, und sei es nur, indem Sie einer bestimmten Person besondere Aufmerksamkeit schenken. Das kann irgendjemand sein, ein Nachbar, ein Kollege: Plötzlich findet die Begegnung wirklich statt, frei von jeder Selbstdarstellung und Konvention. Eine solche Begegnung ist mehr als eine bloße Begegnung, sie ist ein Ereignis, das unser Leben mit Glück erfüllt.

23 DER GANZ-ANDERE

Glauben: Darin liegt meine Schwierigkeit. Der Ausdruck »Mysterium des Glaubens« gibt die Etymologie gut wieder: Im Griechischen ist ein Mysterium etwas Unsagbares, entzieht sich den Worten, gebietet Schweigen. Wie soll man sich eine Meinung über dieses mit dem Verstand nicht ergründbare »Etwas« bilden? Genauso gut könnte man versuchen, sich eine Vorstellung des Universums vor dem Urknall zu machen, vor rund vierzehn Milliarden Jahren. Was könnte es außer unserem Raum-Zeit-Kontinuum geben, das den Kosmos seit dem Urknall bestimmt? Es ist dasselbe Mysterium wie die Frage danach, was nach dem Tod passiert.

Ich tue mich immer noch schwer, meinen Unglauben, mein fehlendes Verständnis mit dem selbstverständlichen Glauben von Béatrice und so vielen anderen Menschen zu vereinbaren. Oft habe ich Béatrice um das Licht beneidet, das sie, bar jeder Sorge, in ihrem absoluten Glauben, ihrem tiefen Vertrauen ausstrahlte. So leicht es mir fällt, Mitmenschen zu vertrauen und mich zu entwaffnen, so unmöglich erscheint mir das Vertrauen in den göttlichen Anderen.

Ich habe das Buch *Désirer la vie éternelle, l'espérance hier et aujourd'hui** meines Onkels Adalbert de Vogüé, der sechzig Jahre lang Benediktinermönch in der Abtei von Pierre-Qui-Vire war, erneut gelesen. Darin nimmt er den Leser voll Zuversicht in diese ihm so vertraute Ewigkeit mit. Welch ein Seelenfrieden!

Manchmal, wenn ich in der Stille, entwaffnet, die Augen öffne, fühle ich mich im Einklang; das nenne ich »glauben«. Glauben heißt, vom Sinn des Lebens und des Menschseins überzeugt zu sein. In diesem Sinne antworte ich mit Ja: Ja, an den anderen, an die anderen, glaube ich, dazu stehe ich, damit bin ich im Einklang. Ich bin mit ihm, mit ihnen zusammen. Ich weiß, dass nur im Vertrauen zum anderen ein würdevolles Leben liegt.

Außerdem und obwohl seit Anbeginn der Zeiten Milliarden Menschen lebten, glaube ich, dass jeder Einzelne von uns die Welt verändert. Am äußersten Rand meiner Wahrnehmung spüre ich, dass das simple Leben eines Einzelnen, dass jede Geburt und jeder Tod die Welt und das Gedächtnis der Welt verändert. Sie trägt die Spuren aller Menschen.

Alles in irgendeiner Weise Heilige erfordert denselben Zustand der Aufnahmefähigkeit. Nichts wird im Innersten des Herzens geboren, solange Lärm herrscht. Die Mitglieder der Gebetsgruppe, die uns so lange begleitet hat, bewundere ich für ihre Fähigkeit, in die Stille zu gehen und die Schriften zu

* Adalbert de Vogüé, *Désirer la vie éternelle, l'espérance hier et aujourd'hui* (Der Wunsch nach dem ewigen Leben – die Hoffnung gestern und heute), Vie monastique 32, Abbaye de Bellefontaine 1995.

lesen. Für sie ist das Evangelium der Ort der Begegnung mit den anderen, für Gläubige ist es der Ort der Begegnung mit dem Anderen.

Mit Dir, dem Allerhöchsten, tue ich mich ein bisschen schwer. Jesus hingegen spricht mit mir: Er stellt die richtigen Fragen, gibt die richtigen, heute noch wegweisenden Antworten. Bescheidenheit, Demut, Achtung für die Schwachen: Im Evangelium findet das Mysterium der Begegnung zwischen einer Person und der anderen statt. Gleichzeitig ist es ein politischer Diskurs. Wenn wir das Evangelium in die Tat umsetzten, würde sich unsere Gesellschaft wandeln: Stellen Sie sich nur einmal diese Begegnung aller an einer Tafel vor! Was für eine Feier! Welch ein Festmahl!

Gottvater jedoch bleibt ein Mysterium. Ich will an ihn glauben, weil Béatrice bei ihm ist. Für mich gibt es ihn durch Béatrice' »Fürbitte«, durch ihre Vermittlung. Das ist eine weitere Auswirkung unserer Begegnung, der Begegnung zwischen ihr und mir. Die anderen bilden meinen Zugang zu diesem völligen Mysterium namens Gott. Für mich ist er keine Antwort. Dieser Gott ist wie ein Palimpsest. Ich fasse ihn auf dem Umweg über die anderen ins Auge, die mit Ihm in Beziehung stehen, in denen Er lebt.

Diese Gnade ist mir nicht zuteilgeworden, und das treibt mich in die Verzweiflung! Ich spüre, wie sehr der Glauben die Beziehung zwischen Dir und Mir, zwischen allen Menschen erleichtert. Aber es geht auch ohne: Wir Menschen tragen diesen inneren Reichtum in uns, durch den wir uns nahe sind. In der Stille ist alles möglich, selbst wenn das Mysterium Gottes nicht selbstverständlich ist: die Aussöhnung mit der

Umwelt, die vollkommene Entwaffnung, das Wohlwollen gegenüber der Welt, dem anderen und allen anderen.

Im Bewusstsein der Verletzlichkeit, der Endlichkeit des Lebens, der vergehenden Zeit und des Leidens kann ich nur eine Art umfassender Brüderlichkeit empfinden. Nur sie hält die Welt am Leben. In der unerhörten Einsamkeit des Menschseins wäre unsere Welt ohne Brüderlichkeit das reine Grauen.

Der Glauben ist geheimnisvoll, die Wiederauferstehung und das Jenseits natürlich auch. Was ich weiß, weil ich es spüre, ist, dass Béatrice niemals abwesend ist. Sie ist nicht hier, und sie fehlt mir, aber ich denke immer an sie. Wir können mit unseren Toten »per Du« sein. Unsere Beziehung zu ihnen ist nicht schmerzlich, solange wir in Gedanken bei ihnen sind. Ich denke an meinen so zurückhaltenden Vater, an meinen heißgeliebten Großvater. In der Erinnerung sind sie anwesend. »In einem einzigen Tropfen Wasser findet man das Geheimnis des endlosen Ozeans. Eine einzige Erscheinungsform deiner selbst enthält alle Erscheinungsformen des Lebens überhaupt«, schreibt der libanesische Dichter Khalil Gibran.* Der leuchtende Tropfen der Erinnerung ist ein Ozean der Begegnungen mit den Abwesenden.

Durch die Erinnerung halten wir die Verbindung zum anderen aufrecht, er bleibt gewissermaßen anwesend. Was ist nach unserem Tod in den Augen aller von unserem Leben übrig? Diese geheimnisvolle Kommunion mit allen, die uns fehlen und die auf ihrem Lebensweg Spuren hinterlassen haben.

* Khalil Gibran, *Die Geheimnisse des Herzens*, Olten 1979.

24 MEINE GANZE WERTSCHÄTZUNG

Wie bei den meisten von uns hing auch meine Selbstachtung lange Zeit von äußeren Faktoren ab, von der Zustimmung, dem Blick, den Reaktionen der anderen. In ihrem Urteil fand mein Dasein seine Berechtigung. Natürlich ist der Blick der anderen auf das, was wir tun, auf unsere Art zu leben, wichtig – problematisch wird es allerdings, wenn man von ihm abhängt. Dieses Übel ist nichts Neues: Schon bei den alten Römern und Griechen hatte das äußere Erscheinungsbild große Bedeutung. Ihre Kriterien waren Schönheit, Jugend, Gesundheit, Sportlichkeit und Erfolg. In der Menschheitsgeschichte gab es auch andere Gesellschaften und Zeiten, in denen das Bewusstsein für den Wert jedes Einzelnen größer war. Heute beruft man sich jedoch wieder auf den falschen Reichtum des äußeren Scheins, wie es die Bilder in der Werbung belegen, die auch vor Lügen und Verschleierung nicht haltmachen.

Wie grausam, für das eigene Leben vom Blick der anderen abhängig zu sein! Jeder sollte stattdessen seine eigenen Regeln aufstellen. Mein Gewissen erarbeite ich mir in der Stille und Verletzlichkeit. Das Wahre findet sich tief in meinem Inneren. Aber unsere Gesellschaft findet im Egoismus die Rechtfertigung für irregeleitete Beziehungen zum anderen, für unmoralische Verhaltensweisen, Spielregeln, bei denen der Zweck das Mittel heiligt, bis hin zu Gewaltanwendung und Raub.

Man muss sich fortwährend aufs eigene Gewissen berufen und darf sich nicht vom Konformismus unserer egoistischen Gesellschaft mitreißen lassen, die so weit geht, den anderen zu missbrauchen.

Dazu muss man eine neue Art der Entlohnung, der Gratifikation oder Anerkennung suchen: Die Werte der anderen sind dabei nicht mein Anhaltspunkt. Hören Sie auf, sich der Norm, den Konventionen, der ungesunden Toleranz zu unterwerfen oder kleinere Fehltritte und Unstimmigkeiten zu akzeptieren, nur um dazuzugehören und Ihren Platz zu finden. Die Beziehung zum anderen hat nichts mit der Nachahmung oder dem blinden Befolgen dessen zu tun, was in dieser individualistischen Gesellschaft allgemein anerkannt ist. Mein starkes Gewissen gründet sich auf die Stille und auf meine Innerlichkeit. Indem ich meine Unvollkommenheit und Verletzlichkeit annehme, erlange ich völlige Freiheit!

Sicherlich sind wir alle darauf angewiesen, im Blick der anderen zu existieren. Sehr oft sind wir uns dessen aber nicht bewusst. Für eine Weile kann man es sich leicht machen und sich mit einer solchen oberflächlichen und uneindeutigen Haltung begnügen: Solange dient unser Beruf als Aushängeschild und legt unseren sozialen Status fest. Er bestimmt vorher, wie wir von den anderen wahrgenommen werden und welche Form von Beziehung anscheinend zu uns passt. Hin und wieder sollten wir diese Konformität allerdings in Frage stellen.

Wir bestimmen selbst, wie wir mit dem anderen in Beziehung treten. Auch dann, wenn wir dazu von uns und unseren Interessen Abstand nehmen müssen. Wir müssen uns entscheiden, frei von Erwartungen und entwaffnet zu sein; das erfordert Fingerspitzengefühl, eine gewisse Sensibilität bei der Art und Weise, wie wir in Beziehung treten, ohne dabei die Tatsache zu leugnen, dass wir zwei unterschiedliche Wesen sind. Darum ist es notwendig, eine gewisse Passivität an den Tag zu legen, um sich dem anderen nicht aufzudrängen. Ich kann versuchen, mich in ihn zu versetzen, ohne es ihm zu sagen, nur um zu verstehen, was er erlebt. Nie werde ich in seiner Haut oder seinem Kopf stecken, und er wird nie in meinem Rollstuhl sitzen. Meine Lösung interessiert ihn nicht, höchstwahrscheinlich ist sie für ihn sogar ganz unpassend. Sagen Sie nicht: »Wenn ich an deiner Stelle wäre.« Was Sie vom anderen wissen, soll Ihnen bloß helfen, unvoreingenommen in Kontakt mit ihm zu treten. Sie sind nicht er: Hüten Sie sich, der Begegnung Ihre bisherigen Erkenntnisse überzustülpen, sonst bleiben Sie nämlich auf alten Erfahrungen aus früheren Begegnungen sitzen.

Was Sie vom anderen wissen, hilft Ihnen jedoch, in Erwartung des ganz Neuen in Beziehung zu treten. In einer Rehaklinik habe ich Gisèle getroffen: eine hochbetagte Frau, körperlich gebrochen, aber mit funkelnden Augen und einer unglaublich humorvollen Lebensauffassung. Ihnen würde sie vielleicht einfach nur alt und gebückt vorkommen, aber ich weiß, dass ich mit ihr Witze reißen kann: Auf diesem Gebiet haben wir uns gefunden.

Es gibt keine Patentlösungen, sondern nur die Lust an der Begegnung. Beide Beteiligten müssen offen dafür sein, und ich kann zwar den Wunsch nach einer Begegnung äußern, diese aber nicht erzwingen. Misstrauische, verängstigte Menschen wahren Distanz. Sie machen nicht den ersten Schritt, legen ihre Abwehrhaltung nicht ab. In solchen Fällen muss man Geduld haben, man sollte nichts sagen, aber seine Verfügbarkeit zeigen. Man kann es bedauern, wenn die Begegnung nicht stattfindet, aber man darf es niemandem anlasten. Unsere Aufgabe ist es, die Waffen zu strecken, um keinen bedrohlichen Eindruck auf den in der Vergangenheit enttäuschten oder verletzten anderen zu machen. »Zähme mich«, wie der Fuchs im *Kleinen Prinzen* sagt.

Dem anderen gebührt meine ganze Wertschätzung. Das mag floskelhaft und etwas förmlich klingen, ist jedoch viel mehr als nur das. Für die französische Philosophin Corine Pelluchon spielt Wertschätzung in der Begegnung mit dem verletzlichen anderen eine essentielle Rolle*: Den anderen mit Wertschätzung wahrzunehmen heißt, ihm Aufmerksamkeit zu schenken. Ich erweise mich als empfänglich.

Die Wertschätzung öffnet mich für die Andersartigkeit meines Mitmenschen, damit ich mich mit ihm austauschen kann. Das ist nicht leicht: Man muss fähig sein, den anderen zu betrachten, still zu sein, zur Seite zu treten. Man muss den Weg der Würde des anderen beachten, um jenseits der Worte sein Bedürfnis zu erkennen. Dann kann man gemeinsam etwas aufbauen und, wenn die Wertschätzung allgemein verbreitet ist, die Gesellschaft verändern. Nicht mehr lautstark und gewaltsam, unter Zwang oder in Rivalität, sondern voll aufmerksamen, proaktiven Respekts, wie jeder Mensch, der die

* *Éléments pour une éthique de la vulnérabilité. Les hommes, les animaux, la nature* (Elemente einer Ethik der Verletzlichkeit. Menschen, Tiere, Natur), Paris 2011.

Verantwortung für sein Leben in die Hand nimmt, anstatt sie auf die Umstände oder auf andere Menschen abzuschieben.

In der Kampfkunst hat man das begriffen: Ich denke da zum Beispiel an Aikido, wo man den anderen als »Partner« im Kampf und nicht als Gegner betrachtet. Im Nanbudo wird die Kunst des Ausweichens oder der Parade in der Weise kultiviert, dass man mit dem anderen mitgeht. Als Querschnittsgelähmter bin ich zwar kein großer Experte, aber beim Zuschauen sieht mir der Kampf aus wie ein Tanz. Statt den Partner abzublocken, geht der Angegriffene in der Bewegung mit. Das ist weder eine Finte noch Fluchtverhalten: Treten Sie einen Schritt zurück bzw. zur Seite, dann werden Sie in der Lage sein, den anderen wahrzunehmen und wertzuschätzen. Im Kampfsport dient diese Methode dazu, die Bewegungen fließend ineinander übergehen zu lassen – auf dieselbe Weise begebe ich mich in die Stille, bin verfügbar und passiv, um aufnahmefähig zu sein und in der Lage, dem anderen zu begegnen.

Bei einer Begegnung zwischen Dir und Mir tritt das Phänomen der Ansteckung auf. Jeder der beiden wird andere Beziehungen knüpfen und so erst der einen, dann der anderen Gruppe diesen Geist des Dialogs und der Anerkennung einflößen. Ich glaube an die Multiplikatorwirkung des Vertrauens.

Wenn jeder dem anderen vertraut, ist das erfolgversprechender als der vermessene Anspruch unserer auf Effizienz ausgerichteten Gesellschaft, die Probleme der Welt durch einen übersteigerten Individualismus zu lösen. Individualismus atomisiert die Welt. Du und Ich dagegen, wir knüpfen Bande, schlagen Brücken. Der von der gierigen und spaltenden Gesellschaft propagierten Optimierung der persönlichen Bedürfnisbefriedigung stellen wir Solidarität und Brüderlichkeit entgegen. Allein bin ich wehrlos, sogar wenn ich das hinter einem Schutzpanzer verstecke, damit keiner es merkt. Aber zusammen wirken wir, Ich und Du, entwaffnend. Und wir errichten dann eine sehr viel nachhaltigere Welt als jene Gesellschaft, in der »König Individuum« in Wirklichkeit ein Sklave ist.

DIE RETTUNG

Ich möchte ein Fährmann sein. Meine Worte sind nicht an mich gerichtet. Ich bin von jeder Form des Narzissmus geheilt. Gesunden fällt es dagegen schwer, diesem Spiel mit dem Selbstbild zu widerstehen. Aber zum Glück geht es. Sich mit dem Unterschied auseinanderzusetzen und ihn zu akzeptieren ermöglicht den Austausch. Man muss in einer Gemeinschaft mit den Verletzlichkeiten jedes Einzelnen leben – nicht unbedingt im Alltag, sondern indem man eine »Gemeinschaft« bildet, sich also als Teil derselben Menschheit empfindet. Diese Gemeinschaft sollte aber unterschiedlich und vielfältig sein, sonst wird sie sektiererisch und gleichförmig. Die Gruppe heilt uns von unserem Egoismus und ermutigt zum Vertrauen in den anderen. Sie, der »normale« Mensch, dem es in jeder Beziehung gutgeht und der äußerlich kein bisschen lädiert ist, Sie brauchen den Verletzlichen. Welch eine Bereicherung!

Ich und Du, wir müssen uns »zusammenraufen«, um in eine tiefe Beziehung zu treten. Dafür müssen wir uns Zeit nehmen: Das ist die wahre Lösung, die mir natürlich früher, mitten in meinem irrsinnigen Rumgehetze, nicht in den Sinn kam. In Hektik und Eile kann man keine Beziehung zum anderen leben. Man lernt nach und nach, auf welche Weise man einander zuhört und was es heißt, wirklich zusammen zu sein. Sich gemeinsam Zeit zu nehmen, ja sogar Zeit zu verlieren, ist ungeheuer fruchtbar.

Wenn wir, Du und Ich, eine Bindung haben, enthebt uns das nicht von der Welt. Unsere Projekte sollten sich nicht nur auf uns beziehen, sondern uns nach außen, zu den anderen hin öffnen. Solidarität lässt sich nicht auf ein Tête-à-Tête beschränken. Der andere ist nicht die Lösung für unsere Einsamkeit, sondern die Heilung der Welt. Ich und Du – das ist nicht die Suche nach einer kleinen Oase der Annehmlichkeit, und sei es eine gemeinsame; wir sind nicht zusammen, um Händchen zu halten, sondern um einen Beitrag zur Welt zu leisten.

Lange Zeit habe ich den anderen zwar geachtet, aber ohne dass er mich wirklich tangierte, so sehr war ich mit mir selbst beschäftigt. Im Lärm und in der Hektik wird unsere Wahrnehmung des anderen durch unsere Unruhe und unsere Weigerung, den eigenen Anteil an Verletzlichkeit und Einzigartigkeit zu erkennen, verzerrt. In der Stille der Jahre im Krankenhaus und in Béatrice' Abwesenheit fand ich erst mich wieder und entdeckte dann den anderen, ohne jede Berechnung, in aller Aufrichtigkeit. Dieses in der Stille neujustierte Ich findet seinen Platz in einer beruhigten und angereicherten Beziehung, einer Beziehung zum anderen.

Vorher hieß es: Ich oder Du. Heute gründen die sozialen Beziehungen auf dem Wir der Begegnung. Man muss sich also in der Stille neu finden, ehe man sich auf die Suche nach einer sinnvollen Beziehung zum anderen macht. Die individualisierte Welt – dieser Westen auf dem Weg zur Globalisierung – scheint, wie sich an der Reaktion auf den Film *Ziemlich beste Freunde* und auf allerlei andere Phänomene ablesen lässt, bereit zu sein für die Werte der Beziehung zum anderen und eines entkrampften Zusammenlebens.

Was geschieht, wenn man nicht an die Alchemie der Begegnung glaubt, können wir leider überall um uns her beobachten: zunehmende Vereinsamung, immer größere Gier und eine sich auflösende Moral. Das Ich und Du zwingt uns, uns im Hier und Jetzt zu verankern, damit wir in der Beziehung verfügbar und entwaffnet sind. Jahrzehntelang war ich in der üblichen Rolle eines Akteurs, eines mit sich selbst beschäftigten Menschen, gefangen und muss mich heute noch zurücknehmen und zurückziehen, um den anderen in all seiner Diversität und Fülle willkommen heißen zu können.

All diese anderen, vom engen Vertrauten über den Freund zum Fremden, dem Mitglied der Gemeinschaft und dem Nächsten, sind eine Schule, bei der man lernt, sich zurückzunehmen. Im Gegensatz zum übersteigerten Individualismus, der Erniedrigung schafft, bringt die Begegnung zwischen Dir und Mir Demut und Entwaffnung mit sich. Denn indem ich den manchmal leidenden, oft verletzlichen und vielleicht sogar sterbenden anderen wahrnehme, entdecke ich seine Art von unerschütterlicher Würde. Diese Aufmerksamkeit für den anderen – seinen Reichtum und seine Andersartigkeit, die der Schönheit der Welt entsprechen – bietet Lösungen für viele Übel unserer Gesellschaft. Das bescheidene Ich und Du, welches das Mysterium und den Unterschied des jeweils anderen respektiert und bescheidene gemeinsame Ziele anstrebt, versöhnt uns mit uns selbst und dem anderen und verankert uns in der Menschlichkeit.

Dieser Begegnung, diesem integrierenden, nicht erniedrigenden Ich und Du vertraue ich. Wohlwollendes Miteinander in der Einfachheit und der gegenseitigen Akzeptanz sind ein Quell großer Freude. Wie schön, auf eine solche Weise zu leben, und welch eine Erleichterung im Hinblick auf unsere gemeinsame Zukunft.

Philippe Pozzo di Borgo
Ziemlich beste Freunde
Die wahre Geschichte
Aus dem Französischen von
Bettina Bach, Dorit Gesa Engelhardt
und Marlies Ruß

Band 19603

Mit ihrer tiefen Menschlichkeit und ihrem lebendigen Humor bewegte die Geschichte einer ungewöhnlichen Freundschaft Millionen von Kinozuschauern. In seinem autobiographischen Bericht erzählt Philippe Pozzo di Borgo, wie ein tragisches Unglück seinem gewohnten Leben ein plötzliches Ende setzte – und wie es ihm gelang, querschnittsgelähmt ein zweites Leben zu beginnen. Ein großartiges Mutmachbuch.

»Ein grandioses Buch über die Liebe,
über den zweiten Atem und über die Gnade.«
ARD, druckfrisch

fi 19603 / 1

Philippe Pozzo di Borgo / Jean Vanier / Laurent de Cherisey
Ziemlich verletzlich, ziemlich stark
Wege zu einer solidarischen Gesellschaft
Aus dem Französischen von Bettina Bach
Band 19803

»Damit ich den Sinn des Lebens ganz verstehe, musste ich im Rollstuhl landen. Ich würde mir wünschen, wieder unversehrt zu sein, aber nur unter der Bedingung, den neuen Blick auf das Leben zu behalten.«
Philippe Pozzo di Borgo

Jeder von uns ist verletzlicher und zugleich stärker, als er es vielleicht selbst vermutet. Eindrücklich plädiert Philippe Pozzo di Borgo, Autor des Bestsellers ›Ziemlich beste Freunde‹, dafür, diese Erkenntnis zur Grundlage eines neuen Gesellschaftsentwurfs zu machen, in dem nicht nur Fitness und Leistung zählen. Nur wenn wir bereit sind, den tieferen Sinn von Brüderlichkeit wiederzuentdecken, vermag unsere Gesellschaft menschlicher zu werden. Ein ebenso warmer wie entschiedener Text, der aufrüttelt.

fi 19803 / 1

Yasmina Reza

Glücklich die Glücklichen

Roman

Aus dem Französischen von

Frank Heibert und Hinrich Schmidt-Henkel

Band 03267

Eigentlich geht es nur um Käse. Doch welcher der richtige ist, darüber geraten Robert und Odile im Supermarkt dermaßen in Streit, dass die Nerven schließlich blank liegen und die dünne Schicht des zivilisierten Miteinanders tiefe Risse bekommt.

Genüsslich, schonungslos, mit lustvollem Sinn für die Brisanz von Alltagsbanalitäten seziert Yasmina Reza die Ursachen der oft kaum zu überbrückenden Kluft in zwischenmenschlichen Beziehungen.

»Niemand schreibt so radikal über den Selbstbetrug moderner Paare – und niemand so komisch.«
Brigitte

»Irrwitzig virtuos!«
Tagesspiegel

fi 03267 / 1